CARDANO EN ESPAÑOL

LA GUÍA DEFINITIVA PARA INTRODUCIRTE AL
MUNDO DE CARDANO ADA, LAS
CRIPTOMONEDAS SMART CONTRACTS Y
DOMINARLO POR COMPLETO

SEBASTIAN ANDRES

WB PUBLISHING

ÍNDICE

COMO UTILIZAR ESTE LIBRO

Primero antes que nada me gustaría darte las gracias por la confianza y por haberme elegido como tu guía para emprender este viaje hacia el mundo de las Criptomonedas. Este libro te ayudara a que entiendas y domines este mundo con el objetivo de obtener una educación financiera excelente a través de la comprensión y el entendimiento a fondo de las Criptomonedas. En este libro iremos de lo más básico a lo más avanzado.

Entendemos que incursionarse hacia el mundo de las Criptomonedas puede ser tedioso y muy lento ya que es mucha la información que debemos comprender y asimilar, generalmente los pioneros en este tipo de tecnologías son las personas que no tienen ningún problema para generar ingresos pasivos por internet ya que tienen algunos conocimientos básicos de este mundillo que los puede ayudar bastante. El objetivo de este libro es que tú también puedas acortar este camino y tener los conocimientos a tiempo para poder aprovecharlos, como bien sabes el mundo de las criptomonedas se mueve muy rápidamente y no puedes perder tiempo.

Esta tecnología llego para quedarse y para darnos a nosotros, las personas comunes y corrientes, mas libertad en el ámbito económico y financiero.

En mi caso personal, una de las cosas que más me ha llamado la atención cuando comencé a interesarme por las Criptomonedas ,allá por el 2011, fue el concepto de libertad al que está relacionado con monedas como Bitcoin, Monero, Dash, Zcash, etc. donde el control de todo el proceso siempre va de la mano del usuario por la privacidad que brindan. No te preocupes, estos conceptos los entenderás mas adelante durante el desarrollo del libro.

En este libro te enseñare los diferentes abordajes hacia las Criptomonedas y la tecnología detrás: comenzando por el concepto actual del dinero hasta el Blockchain, el porque funciona, cuál es el secreto detrás y también vamos a derribar algunos mitos relacionados con algunos conceptos.

El objetivo de este libro es enseñarte a tener una noción más completa y compleja sobre las Criptomonedas, desde los conceptos más básicos como el saber cómo funciona todo, el cómo encajan las piezas a lo más avanzado.

También me he tomado el tiempo de recomendarte algunos recursos para que puedas comenzar con el pie derecho. **Ten en cuenta que muchos de estos links son enlaces de afiliado, por lo que recibirás algunos descuentos y/o beneficios al utilizar el link recomendado, sin ningún costo alguno para ti. Por esto mismo aprovéchalo.**

Escribí este libro no solo informarte del mundo de las criptas sino, para motivarte también, a dar ese paso que tanto te cuesta y tomar acción, es por esto que quiero pedirte una cosa, no te rindas a lo largo de este libro, sigue bajo tu propio riesgo los consejos, te prometo que al terminar este libro y aplicar paso por paso mis consejos y enseñanzas vas a lograr comprender mejor este mundillo y de acuerdo a tu accionar personal lograr la libertad financiera o también apoyar esta iniciativa que nos da el poder a nosotros los ciudadanos frente al sistema financiero actual que está demasiado manipulado y hace rico a unos pocos.

Nuevamente, Muchas gracias por adquirir este libro, espero que lo disfrutes.

SOBRE MI

Saludos, mi nombre es Sebastian Andres , soy un emprendedor, escritor y viajero del mundo. Entusiasta de las Criptomonedas desde 2011 cuando comencé a interesarme por ese mundillo. Me siento extremadamente bendecido por haber nacido en esta época, y poder vivencias el crecimiento de estas tecnologías como el internet y las criptomonedas.

Durante más de 10 años me he enfocado en desarrollar varios negocios en internet, los cuales me enseñaron a desarrollar mis propias estrategias y métodos para lograr generar ingresos pasivos. Las Criptomonedas fue uno de ellos y así fue que alcance la libertad financiera.

El propósito de mis libros, mas específicamente de la colección "Criptomonedas en Español" (en los cuales llevo la información mas actual y fiable de las criptomonedas del ingles al español, si te interesa puedes buscar los otros libros de esta colección, en los cuales abordamos otras criptos) es que sean una fuente de inspiración para ti y generar un cambio en aquellos que no se conforman con lo establecido y saben que pueden dar más, que pueden generar un cambio positivo en sus vidas y llegar a diseñar ese estilo de vida que tanto quieren.

Estoy confiado que esta información te ayudara a terminar de dar ese empuje y meterte a las criptomonedas de lleno.

COLECCIÓN CRIPTOMONEDAS EN ESPAÑOL

Este libro forma parte de la colección *"Criptomonedas en Español"* en donde queremos trasmitirte toda la educación e información actual en base a las criptomonedas mas cotizadas y conocidas.

- El volumen 1 esta comprendido por el Libro: **Bitcoin en Español.**
- El volumen 2: **Ethereum en Español.**
- El volumen 3: **Dogecoin en Español.**
- El volumen 4: **Cardano ADA en Español**

Donde revisamos y te damos toda la información que necesitas saber para conocer mas acerca de esta criptomoneda y su asombroso futuro en el area de las finanzas.

IMPORTANTE
ADVERTENCIA

La inversión en mercados financieros como las Criptomonedas y otros activos puede llevar a pérdidas de dinero. El propósito de este libro es solamente educativo y no representa una recomendación de inversión, para ello ya existen muchos profesionales en el area que pueden ayudarte. Procede con cautela, bajo tu propio riesgo y recuerda, nunca inviertas más de lo que estés dispuesto a perder.

Al continuar leyendo este libro aceptas esta Advertencia.

ENTENDIENDO EN PROFUNDIDAD A CARDANO

De los Smart Contracts a Cardano

Cardano sigue un patrón sutilmente diferente en paralelo con otras cadenas de bloques. Su Blockchain tiene dos capas, una capa de asentamiento y una capa computacional. Su primera capa se completó y ahora es muy funcional. Esta permite a los consumidores enviar y recibir tokens ADA (nombre asignado a la moneda del servicio), de una billetera a otra. Utiliza un método similar que emplea Ether. Actualmente, se encuentra en planificación y desarrollo una capa; cuyo objetivo está centrado en facilitar a sus usuarios inicio y registro apropiado hacia los contratos inteligentes. Muy a pesar de guardar algún parecido o similitud con la cadena de bloques Ethereum, Cardano goza de relevantes primacías sobre su esta criptomoneda.

Comencemos por destacar que Cardano resulta en una moneda digital mucho más configurable, debido a que está en capacidad de generar variantes conforme a las necesidades de sus usuarios en última fase. Veamos la situación que se da en diferentes regiones o países, en ellos coexisten diversidad de reglamentos legales que rigen la dinámica económica y mercantil. Un mismo contrato inteligente, es susceptible a ser transcrito de forma tal, que permita modificaciones en el estilo y manera como sean archivados, tramitados y consultados todos los aspectos de información en él inscritos, según sus normativas regulatorias. Considerando pues, que existe una estructura digital desligada en su capa, un usuario consumidor ADA, podrá continuar dando utilidad a su moneda en particular, inéditamente del lugar o zona geográfica en la cual se encuentre; siempre y cuando las determinaciones legislativas sean cumplidas a cabalidad.

La capa computacional también permite al equipo del proyecto Cardano realizar cambios utilizando bifurcaciones suaves y sin interrumpir la ADA o la capa de asentamiento. Para verificar las transacciones, utiliza el protocolo de prueba de participación Aquellas personas, mejor conocidas como usuarios, que deseen forma parte del proceso, se les llamará validadores y estarán en el debido compromiso de accionar inversiones por determinada cifra en tokens ADA, de esta manera podrán dejar plasmado y demostrado su claro interés en formar parte del ecosistema digital.

Aunque ADA ofrece tarifas bajas y transacciones instantáneas, la capa de contrato inteligente aún está en desarrollo. Esto significa que está lejos de convertirse en una moneda que se pueda utilizar para comprar productos y servicios en el día a día. Además, debe tenerse en cuenta que no se trata simplemente de intentar ser otro reemplazo de moneda, sino de una red completa de contratos inteligentes que permite a los países garantizar el cumplimiento al tiempo que brindan medios asequibles y convenientes para transferir dinero a sus usuarios.

Es por eso que pueden pasar de dos a tres años hasta que se complete la segunda capa. Las probabilidades de Cardano son mejores que las de las otras criptomonedas y cadenas de bloques porque ha optado por un enfoque científico que implica recibir información de ingenieros y expertos de la industria. Y aunque el esfuerzo puede llevar más tiempo, no tendrá los mismos problemas que enfrentan otras cadenas de bloques o Blockchain del ecosistema cripto.

Cardano es un proyecto de cadena de bloques de código abierto desarrollado en capas para ejecutar aplicaciones financieras utilizadas por empresas, consumidores y gobiernos a nivel mundial. Se puede utilizar para enviar y recibir dinero digital, lo que garantiza transferencias directas y rápidas que se han asegurado criptográficamente. El proyecto presenta un desarrollo en capas que permite al equipo dedicado de codificadores e ingenieros mantener y actualizar la cadena de bloques fácilmente con bifurcaciones suaves. ADA denota el token de moneda de la cadena de bloques.

Al igual que Ethereum, Cardano tiene como objetivo adquirir la capacidad de ejecutar aplicaciones descentralizadas o dApps en el futuro. Concluido el proceso final en la capa de liquidación ADA, será establecida por parte del staff, una capa exclusiva de procesamiento a favor los Smart Contract que interactúen de forma estable con los cánones mercantiles y demás acuerdos legales en finanzas. A diferencia de otros proyectos de Blockchain, ha adoptado un enfoque basado en la investigación para resolver los problemas importantes que enfrentan los consumidores de hoy.

El único y exclusivo proyecto criptográfico a nivel mundial, basado en un rumbo o marco totalmente científico del cual se tenga conocimiento, es Cardano; con el claro propósito centrado en estructurar su Blockchain, monitoreado y validado en pares, el cual se encuentra en fase de elaboración bajo la responsabilidad plena de un grupo multidisciplinario de técnicos conocedores del área con amplia y reconocida experiencia demostrada a los niveles de exigencia que amerita tal plan. En este proyecto, Blockchain tiene un objetivo básico y fundamental; brindar conjunto de técnicas, métodos y procesos escalables, de confianza y firmeza que permitan establecer acciones mercantiles que gocen de utilidad honesta por los muchos usuarios que día a día transitan por la plataforma. Es por eso que el equipo del proyecto ha empleado el mismo enfoque meticuloso que se usa en los sistemas bancarios de misión crítica.

La visión a largo plazo de la cadena de bloques y su criptomoneda alinea los desafíos y requisitos tanto de los usuarios como de los reguladores, brindándoles una forma de participar e interactuar sin problemas. Es probable que este estilo innovador de digitalización regulatoria brinde libertad e inclusión financieras a millones de usuarios en todo el mundo que actualmente no tienen acceso a los servicios financieros debido a una amplia variedad de razones. Por un lado, la red subyacente traerá eficiencia regulatoria; por otro, el token ADA garantizará la transferencia de dinero rápida y asequible.

Reiteramos la importancia de reconocer que la cadena de bloques de Cardano consta de dos componentes principales.

Cardano Settlement Layer (CSL): El cual actúa como una unidad de cuenta y es el lugar donde los titulares de tokens pueden enviar y recibir ADA instantáneamente con tarifas de transacción mínimas.

Cardano Computational Layer (CCL): Es un conjunto de protocolos, que es la columna vertebral de la cadena de bloques y ayuda a ejecutar contratos inteligentes, garantizar la seguridad y el cumplimiento, y permitir otras funciones avanzadas, como listas negras y reconocimiento de identidad.

El código fuente abierto de Cardano está escrito utilizando Haskell, un lenguaje de programación seguro y universalmente reconocido.

Cardano trabaja en un protocolo de cadena de bloques de prueba de participación (PoS) especialmente diseñado para el consenso llamado Ouroboros. Este mecanismo de consenso permite que ADA se envíe y reciba de manera fácil y segura en todo momento, al tiempo que garantiza la seguridad de los contratos inteligentes en la cadena de bloques Cardano. Al mismo tiempo, como mecanismo de consenso de PoS, Ouroboros ofrece recompensas a los titulares de tokens que apuestan su ADA a la red y ayudan a garantizar el consenso de la misma.

El proceso de Ouroboros es el siguiente:

- La red selecciona aleatoriamente algunos nodos para tener la oportunidad de extraer nuevos bloques. Estos nodos se conocen como líderes de tragamonedas.
- La cadena de bloques se divide en ranuras, cada una de las cuales se denomina época.
- Los líderes de tragamonedas tienen la capacidad de minar su época específica o sub-partición de una época. Cualquier participante que ayude a minar una época o parte de una época recibe una recompensa por sus servicios.
- Una época se puede dividir infinitamente. Esto significa que la cadena de bloques de Cardano es, en teoría, infinitamente escalable, lo que permite ejecutar tantas transacciones como sea necesario sin llegar a un cuello de botella.

EL MAYOR BENEFICIO de Ouroboros es su seguridad matemática al elegir validadores de Blockchain. Otras cadenas de bloques afirman que eligen validadores de bloques al azar, pero estas afirmaciones no se pueden verificar. Por otro lado, Ouroboros ofrece una forma comprobable de seleccionar al azar un validador y garantizar que todos los titulares de tokens que apuestan ADA a la cadena de bloques Cardano tengan una oportunidad justa de extraer un bloque y recibir la recompensa asociada. Esto elimina cualquier necesidad de una potencia computacional excesiva que prevalece en las redes de cadena de bloques de prueba de trabajo (PoW) y garantiza un modelo de participación objetivamente justo que no se encuentra en ningún otro protocolo de cadena de bloques de PoS.

A diferencia de otras criptomonedas importantes como Bitcoin y

Ethereum, Cardano tiene su propia billetera para la criptomoneda ADA. Con la billetera Daedalus, los usuarios no solo obtienen una billetera, sino que ejecutan un nodo de Blockchain completo, lo que les da un control total sobre sus fondos y la capacidad de garantizar la transparencia sobre la Blockchain de Cardano.

Además, Daedalus sirve como la única billetera donde los titulares de ADA pueden participar en el sistema de participación de Cardano. Existe una formalidad operativa dentro de la cual actúa Cardano y es la Blockchain de PoS, expresado ya en líneas anteriores; quienes sean poseedores de tokens están en la capacidad de ser beneficiados con el pago de las conocidas recompensas gracias a sus trámites de ADA o la conformación de equipos de apuestas inherentes a la conocida wallet Daedalus. Esto les da a los titulares de Cardano (ADA) la oportunidad de ganar criptomonedas mientras apoyan la red.

La moneda Cardano se puede usar como una transferencia de valor de manera similar a cómo se usa actualmente el efectivo. En relación con el universo criptográfico, en especial con las demás monedas digitales, principalmente con Ethereum y Bitcoin, suele ser muy distinto; frente a ello, ADA cuenta con utilidades particulares que la hacen sobresalir.

Uno de los principios fundamentales de Cardano es su protocolo de cadena de bloques PoS, en el que ADA se aplica a la cadena de bloques para ayudar a los operadores de grupos de interés a verificar con éxito las transacciones en la cadena de bloques. Aquí es donde la criptografía Cardano es útil. Aquellos que apuestan su ADA a la cadena de bloques son recompensados por sus esfuerzos con más criptografía Cardano a cambio. Este sistema de participación ayuda a mantener la seguridad en toda la cadena de bloques.

También existe el uso de ADA en la votación. En Cardano, a diferencia de otros proyectos de Blockchain, no son los mineros los que votan y deciden los cambios en el protocolo, son los poseedores de tokens. Por consiguiente, al ser presentada una proposición relacionada con modificaciones y crecimientos hacia la Blockchain de Cardano, quienes cuentan en su haber con dicha cripto, dan uso a sus

ADA y de esta peculiar manera hacerse sentir y expresarse sobre sus intenciones. Es así, como los poseedores de Cardano son considerados como partícipes activos ante tal proceso.

Con total garantía, vista en este transitar de ADA, la veremos a largo plazo, cómo un recurso utilitario a manera de catapulta a favor de la plataforma de Smart Contract inmersa en al Blockchain de Cardano. Los desarrolladores utilizarán ADA para crear contratos inteligentes y aplicaciones que se ejecuten en la cadena de bloques segura y descentralizada de Cardano. Sin una moneda nativa de Cardano, no habría forma de ejecutar estos contratos.

Cardano (ADA), al igual que muchas otras monedas, es una cripto basada en el trabajo descentralizado y la transparencia de sus transacciones. Fue lanzada al mercado en el año 2014 por un grupo de emprendedores y programadores. Para puntualizar, es conveniente indicar que Cardano es el nombre genérico del proyecto y ADA es el nombre de la moneda del servicio, es decir; el token.

Las criptomonedas enfatizan cada vez más en la seguridad que brindan las estructuras multinivel. Cardano nació de la investigación e indagación académica y se ha establecido como el primer proyecto de la Blockchain basado en una filosofía integral de la ciencia. Las criptomonedas desarrolladas y administradas por Charles Hoskinson, quien dirigió el proyecto Ethereum en el pasado, buscan maximizar el potencial propio que representan los contratos inteligentes.

Desde un principio, el equipo de desarrollo de Cardano manifestó su intención de tener en cuenta la posición regulatoria y crear así un proyecto orientado a cuidar y proteger el interés y la conveniencia de sus usuarios y consumidores finales. Este equipo de desarrolladores estaba tratando de encontrar un fundamento intermedio entre la necesidad de regulación, por un lado, y los principios clave de privacidad y descentralización de la tecnología Blockchain, por el otro. Como ya se ha dicho, Cardano nació en 2014. En ese momento, el proyecto era una mezcla de ideas y conceptos revolucionarios, el resultado de una investigación conjunta y un trabajo en equipo. Su creador, Charles Hoskinson; se estableció el gran desafío de superar las limitaciones de las cadenas de bloques existentes.

La relación entre Cardano y Ethereum

Cardano (ADA) y Ethereum (ETH) son dos de las plataformas Blockchain más grandes del mundo. También son rivales con objetivos muy diferentes y comunidades ferozmente leales.

Dados sus perfiles elevados en el mundo de las criptomonedas, es justo darnos un paseo por el campo de la relación existente entre ambas criptomonedas en un enfrentamiento cara a cara.

Descripción general de Cardano (ADA)

Cardano (ADA) es una cadena de bloques de propósito general centrada en la creación de una red altamente segura, escalable y revisada por pares para transacciones de criptomonedas y aplicaciones descentralizadas. Cardano es una plataforma descentralizada con capacidades de contrato inteligente.

Sin embargo, ahí es donde terminan la mayoría de las similitudes. Mientras que Ethereum permite la creación de aplicaciones y activos tokenizados programables, Cardano es principalmente una plataforma de liquidación financiera que utiliza su token ADA nativo como moneda.

Blockchain revisado por pares

A lo largo de los años, muchos de los denominados asesinos de Ethereum han subido de rango con conversaciones violentas sobre el rendimiento de la red y los algoritmos de consenso de vanguardia.

Cardano ha tomado un rumbo completamente diferente al comercializar fuertemente su enfoque de ciencia primero. El código base de Cardano está escrito en Haskell; un lenguaje de programación ampliamente utilizado adoptado precisamente por lo fácil que es de auditar.

Quizás recuerdes que los desarrolladores de Ethereum crearon el lenguaje de programación Solidity. Es altamente especializado y pocos desarrolladores son expertos en escribirlo, y mucho menos en revisar el código de Solidity.

¿Por qué es importante la revisión por pares? Debido a que

cuantos más desarrolladores puedan revisar y auditar el código, es probable que ese código sea más hermético y seguro. El punto es que los desarrolladores de Cardano quieren que la cadena de bloques esté lo más libre de fallas de codificación para mitigar posibles problemas de seguridad en el futuro.

Diseño de doble capa

Cardano utiliza un diseño de doble capa en su protocolo que separa los cálculos de los asentamientos.

Es útil pensar en Ethereum, un protocolo de una sola capa que realiza cálculos (contratos inteligentes) y liquidaciones (transferencias de tokens) juntos. Ethereum a menudo se ve atascado por el volumen de transacciones computacionales y de pago que acosan a los mineros de Ethereum, lo que resulta en altos precios de gas.

Por el contrario, las capas separadas de Cardano permiten que los contratos inteligentes y las aplicaciones descentralizadas existan independientemente de las transacciones de tokens de ADA. Esta separación debería permitir a Cardano escalar, seguir siendo económico para desarrolladores y usuarios e inter-operar con otras plataformas.

Centrado en la eficiencia energética

Cardano utiliza un algoritmo de consenso ligero de prueba de participación llamado Ouroboros, el nombre de un antiguo símbolo circular que representa a una serpiente mordiéndose la cola. La referencia es inteligente porque el diseño de prueba de estaca de Cardano utiliza de manera eficiente los recursos de la red en un sistema de circuito cerrado.

Ouroboros funciona al permitir que los titulares de ADA que usan una de las diversas carteras de Cardano, como Daedlus, deleguen sus tokens en validadores que mantienen la red segura. El proceso requiere demandas informáticas mucho menos intensivas, lo que mantiene los costos de energía muy bajos para el funcionamiento de la red.

Recientemente, Cardano ha comenzado a promocionar su fuerza como una cadena de bloques más respetuosa con el mismo ambiente que Ethereum. Charles Hoskinson estima que el uso de energía de Cardano es de apenas 0,01% de los 110,53 TWh de Bitcoin.

ADA es el token de criptomoneda nativo de la cadena de bloques Cardano.

Recuerda que Cardano es, ante todo, una plataforma para transacciones descentralizadas que utilizan la moneda ADA. Por lo tanto, no esperes casos de uso llamativos y utilidad del token de la ADA; en su mayoría, es solo efectivo descentralizado con la participación habilitada.

Usando ADA como dinero

Los tokens ADA existen en una capa de transacción independiente dentro de la cadena de bloques Cardano. Esto hace que enviar y recibir tokens ADA sea una experiencia rápida y económica también. Cualquiera que haya sido golpeado con tarifas locas por el gas Ethereum apreciará las transacciones económicas de ADA.

Dado el enfoque de Cardano en la creación de soluciones financieras descentralizadas para países en desarrollo, ADA está diseñado como un medio de intercambio casi instantáneo capaz de convertirse en una moneda global.

Apuesta por ADA para ingresos pasivos

Cardano se actualiza en épocas que llevan el nombre de figuras históricas revolucionarias. La red se encuentra actualmente en la era Shelley, pero se está incorporando cuidadosamente a la actualización de Goguen.

En Goguen, los contratos inteligentes de Cardano finalmente se activarán en la red principal de Cardano. Esta actualización hará que las capacidades de cálculo y los casos de uso de Cardano suban de nivel; como referencia, Ethereum ha tenido contratos inteligentes en vivo desde su lanzamiento en 2015.

¿Qué tiene que ver todo esto con la obtención de ingresos pasivos con tokens ADA? Un aumento en la actividad de la red Cardano debido a la implementación de contratos inteligentes significará más trabajo para los validadores. Esto, a su vez, significa un mayor uso de los tokens ADA apostados y recompensas de apuesta potencialmente más altas.

El entusiasmo por los contratos inteligentes de Goguen está aumentando rápidamente. Cardano ha inicializado la red de prueba Alonzo, una versión en etapa inicial de contratos inteligentes. Sin embargo, a pesar de la fase inicial de pruebas, los titulares de ADA han apostado más de 30 millones de dólares americanos adicionales en ADA.

Apostar por ADA es mucho más fácil en comparación con Ethereum 2.0. No es necesario que bloquee los tokens ADA apostados; puede desbloquear los tokens ADA cuando lo desee.

Pros de Cardano:

- Diseño respetuoso con el medio ambiente utilizando prueba de consenso de participación
- El replanteo de ADA no requiere bloqueo de token
- La arquitectura de doble capa es rápida, escalable y segura
- Cardano ya está ganando terreno con los casos de uso de la cadena de suministro
- Centrarse en las naciones en desarrollo es prometedor para el crecimiento futuro

Contras de Cardano:

- Muy lento para implementar las capacidades estándar de la industria
- Pocas, si las hay, aplicaciones descentralizadas ampliamente adoptadas
- ADA ha ganado poca tracción como moneda
- Hoskinson es una figura polarizante interesada en llamar la atención.
- Cardano tiene la reputación de ser una cadena fantasma

Descripción general de Ethereum (ETH)

Ethereum (ETH) es una plataforma de cadena de bloques de contrato inteligente creada por un staff de criptógrafos de estrellas en 2015. En la actualidad, Ethereum se utiliza principalmente para crear y alojar aplicaciones financieras descentralizadas y monedas estables.

La contribución más significativa que Ethereum ha hecho a Blockchain es la invención de contratos inteligentes. Sin más, repasemos qué son los contratos inteligentes de Ethereum y por qué son importantes.

Contratos inteligentes de Ethereum

Ha pasado más de una década desde que Bitcoin desató la tecnología Blockchain en el mundo. Sin embargo, pocos entienden que Bitcoin es dinero en efectivo programable, pero tecnológicamente es capaz de poco más.

Los fundadores y desarrolladores principales de Ethereum, Vitalik Buterin y Gavin Wood, idearon contratos inteligentes para expandir la utilidad de Blockchain más allá del efectivo. Los contratos inteligentes permiten que las cadenas de bloques se comporten como potentes computadoras virtuales descentralizadas, muy lejos del simple dinero como lo conocemos.

¿Qué son los contratos inteligentes?

Los Smart Contract o contratos inteligentes, son programas informáticos básicos y ligeros que se ejecutan en la cadena de bloques Ethereum. Cualquiera puede construir un contrato inteligente que contenga reglas específicas realizadas de forma autónoma. Así es como las aplicaciones de Ethereum operan sin intermediarios: los contratos inteligentes se ejecutan de manera confiable sin que nadie los opere.

Si aún tienes dificultad para comprender los contratos inteligentes, considéralos cómo máquinas expendedoras digitales.

Cuando vas por un refresco en una máquina expendedora, ingresas una cantidad de efectivo y seleccionas un refresco. Una vez que se realizan estas dos entradas requeridas, la máquina expendedora deja caer el refresco y quizás algún cambio. Entonces, al igual que una máquina expendedora, un contrato inteligente opera en base a entradas pre-programadas (X, Y y Z) para entregar salidas específicas (A, B y C).

Antes de las máquinas expendedoras, alguien tenía que vender refrescos físicamente. Pero después de su llegada, la máquina y su código se encargan del trabajo. Los contratos inteligentes hacen lo mismo para cualquier situación contractual que requiera confianza entre dos o más partes. En lugar de requerir que alguien sea de confianza, los contratos inteligentes reemplazan la confianza al hacerla implícita en la transacción.

Transición de Ethereum 1.0 a Ethereum 2.0

Los contratos inteligentes permiten a cualquier persona crear fácilmente aplicaciones en Ethereum que, en teoría, pueden ejecutarse para siempre sin ser censuradas. A pesar de la naturaleza revolucionaria de esta propuesta, en la práctica, el potencial de Ethereum se ve obstaculizado por su algoritmo de consenso de prueba de trabajo.

Cuando los desarrolladores de Ethereum construyeron originalmente la red, tomaron prestado el modelo de prueba de trabajo de Bitcoin. PoW ya había demostrado ser estable, seguro y suficientemente descentralizado.

Los primeros días de la criptografía vieron muchos menos usuarios y transacciones. El volumen de red relativamente bajo significaba que era fácil para una cadena de bloques PoW como Ethereum mantenerse al día con la actividad. Pero a medida que la criptografía entró en la corriente principal con las aplicaciones NFT y DeFi que se ejecutan en Ethereum, la incapacidad de la red para escalar se hizo dolorosamente evidente.

El consenso de PoW funciona al hacer que los mineros validen las transacciones. Esto mantiene la red segura al garantizar que cada transacción sea honesta. El problema es que cada minero, o nodo, procesa cada transacción en la red. Dependiendo del tráfico, algunos días pueden ver más de 500k transacciones a pesar de las velocidades de 15 transacciones por segundo en papel de Ethereum.

Para combatir este problema y hacer que Ethereum sea mucho más robusto y escalable, los desarrolladores están implementando Ethereum 2.0. El cambio a ETH 2.0 hace que la red pase de prueba de trabajo a prueba de consenso de participación e introduce fragmentación.

El consenso de PoS requiere mucha menos energía y recursos informáticos, mientras que la fragmentación permite a los validadores verificar solo las transacciones en una parte específica de la red en lugar de su totalidad.

Para cuando ETH 2.0 esté completo, debería tener un rendimiento de TPS muy superior al de su estado actual. Eso significa que Ethereum estará realmente listo para servir a miles de millones de personas como una computadora mundial.

Al igual que muchísimas personas, estamos seguros de que te preguntas para cuándo se lanzará ETH 2.0. A principios de 2021, Ethereum lanzó la fase 0 con su cadena de balizas, pero no se espera el lanzamiento completo hasta algún momento entre los años 2022 y 2023.

Token ETH explicado

ETH es el token de criptomoneda Ethereum que impulsa las transacciones de red. A diferencia de las monedas de moneda pura como Bitcoin, ETH tiene una utilidad de token que va mucho más allá del dinero.

ETH impulsa las transacciones de Ethereum

Cada vez que un contrato inteligente ejecuta un comando, simultáneamente activa una transacción. Además de las innumerables transacciones de contratos inteligentes que ocurren, también existen las transacciones obvias en las que un usuario de Ethereum envía tokens a otro.

Ethereum tiene un promedio de más de 1M de transacciones por día, pero aún más impresionante es el total histórico de más de 1000M de transacciones Ethereum.

Todas las transacciones de Ethereum funcionan con gas, al igual que su automóvil. La diferencia es que su automóvil usa combustibles fósiles y las transacciones de Ethereum usan tokens ETH. Cualquier billetera que inicie una transacción, ya sea para ejecutar contratos inteligentes o enviar monedas estables, primero debe pagar una tarifa de gas.

El pago de las tarifas de transacción de la red es el caso de uso más grande del token ETH. Los mineros de Ethereum reciben las tarifas del gas para compensar su trabajo en la validación de la red.

Usando ETH como garantía en DeFi

El poder de ETH va más allá de pagar las transacciones de la red y recompensar a los mineros. Debido a que la mayor parte de las aplicaciones financieras descentralizadas se ejecutan en Ethereum, los tokens ETH tienen un estado de moneda de reserva en la mayoría de los fondos de liquidez.

Uniswap es un gran ejemplo. Como el intercambio descentralizado más grande del mundo, procesa transacciones por valor de miles de millones de dólares con ETH como token base para la mayoría de los pares.

Más allá de Uniswap, los usuarios acuñan monedas estables con garantía criptográfica como DAI al depositar ETH como garantía en MakerDAO. Después de tener en sus manos los tokens del grupo de liquidez DAI o Uniswap, puede depositarlos en bóvedas DeFi por Yearn Finance para obtener un rendimiento de intereses adicional.

Obtención de recompensas de participación en ETH

La transición a Ethereum 2.0 trae la participación de ETH a la red. La apuesta de Ethereum es emocionante para todos porque es rentable, gana intereses por apostar ETH y mejora el rendimiento de la red.

A pesar de que ETH 2.0 no se ha implementado por completo, lo cual no se espera al menos hasta el año 2022, la actualización de la fase 0 en enero dio luz verde a la participación de ETH. Las recompensas son decentes en los mejores grupos de apuestas de ETH, pero están sujetas a cambios, como posiblemente aumenten, a medida que pasa el tiempo.

Pros de Ethereum:

- La plataforma Blockchain de contratos inteligentes más grande del sector
- Ethereum es el hogar indiscutible de DeFi y NFT
- La tracción del pionero ha bloqueado toneladas de mentes compartidas por parte de los desarrolladores
- Aloja todas las aplicaciones descentralizadas más utilizadas de Crypto.
- La inminente actualización de ETH 2.0 aumenta el rendimiento de la red

Contras de Ethereum:

- Los límites de velocidad actuales dan como resultado una congestión frecuente de la red
- Las tarifas de Ethereum son a menudo prohibitivas para los desarrolladores
- Las altas tarifas del gas hacen que las transacciones DEX y DeFi sean costosas
- El desarrollo de Ethereum suele ser desorganizado y lento
- ETH 1.0 usa PoW y contribuye al cambio climático

Cardano y los contratos inteligentes

En el nivel básico, los contratos inteligentes de Cardano funcionarán de manera similar a los de la cadena de bloques Ethereum. Actúan como programas ejecutables que se producen en la cadena de bloques Cardano.

Los contratos inteligentes actuarán como acuerdos digitales o garantías entre dos partes. Las salidas o transacciones solo se ejecutan cuando se cumplen las condiciones previas o entradas. Una vez que se cumplen las condiciones, la transacción se establece automáticamente. Estas transacciones y sus detalles se quedarán en la cadena de bloques de Cardano para siempre.

Una de las ventajas promocionadas sobre la integración de contratos inteligentes es la falta de personas o intermediarios necesarios para llevar a cabo o mantener los contratos, como ocurre con los acuerdos tradicionales. Estos elementos a menudo pueden ralentizar el proceso.

Los detalles de los contratos permanecen en una cadena de bloques descentralizada. Esto significa que los acuerdos están libres de riesgo de manipulación o evasión por parte de terceros, junto con una mayor transparencia y trazabilidad.

La incapacidad de cambiar los contratos inteligentes conlleva algunos riesgos. Si el contrato inteligente incluye errores, puede ser difícil modificarlos. Los contratos también corren el riesgo de explotar lagunas. Por supuesto, estos no son exclusivos de los contratos inteligentes, sino que transfieren una mayor carga a los programadores en lugar de, por ejemplo, a los abogados.

El lenguaje de los contratos inteligentes de Cardano

Los programadores de los contratos inteligentes de Cardano utilizan uno de los tres lenguajes: Plutus, Marlowe o Glow.

Como lo describe IOHK, Plutus es *"una plataforma de ejecución y desarrollo de contratos inteligente especialmente diseñada que se ejecuta tanto dentro como fuera de la cadena"*.

Marlowe es el lenguaje específico de dominio (DSL) de Cardano que se usa más para los contratos financieros, mientras que Glow es un DSL que se usa para escribir aplicaciones descentralizadas (dApps).

Plutus y Marlowe están impulsados por Haskell, un lenguaje de programación funcional, impulsado por la investigación, con una base en la academia y la industria. Esto le ha otorgado al lenguaje una reputación de robustez y confiabilidad del código, lo que podría ayudar a evitar las vulnerabilidades y riesgos de los contratos inteligentes.

Ejemplos de contratos inteligentes de Cardano

La bifurcación dura de Alonzo aún no se ha puesto en marcha, lo que significa que actualmente no se ejecutan contratos inteligentes en la red principal de Cardano.

Sin embargo, IOHK ha lanzado Marlowe Playground, un editor basado en navegador para posibles contratos inteligentes de Marlowe. El Marlowe Playground incluye varios ejemplos de contratos inteligentes que brindan algunas ideas para posibles usos financieros, como contratos de depósito en garantía, préstamos e intercambios básicos.

IOHK también lanzó Plutus Playground con sus propios ejemplos. Estos incluyen contratos inteligentes para un juego, un esquema de adquisición de derechos y un intento de financiación colectiva.

Existen innumerables otros usos potenciales para los contratos inteligentes, ya sea para transacciones financieras, seguros, votaciones o incluso para tarjetas de identidad digitales.

Veremos más cuando la red de prueba de Alonzo se active el 1 de septiembre, seguida del lanzamiento de la red principal el 12 de septiembre del año 2021.

Cardano y los Contratos inteligentes

Cardano ha adoptado un enfoque lento y constante para su desarrollo. El equipo cree en la investigación y las pruebas exhaustivas antes de la implementación. Puede ser una sorpresa saber que esta no es la norma en las criptomonedas: en la carrera por aprovechar al máximo la tecnología Blockchain, muchas monedas primero lanzan productos y luego los mejoran a medida que avanzan.

A largo plazo, el método de Cardano probablemente resultará en un producto más seguro, escalable y robusto. Hoskinson diseñó la cadena de bloques desde cero para abordar algunos de los problemas que enfrentan los pioneros Bitcoin (BTC) y Ethereum (ETH).

A corto plazo, significa que otras plataformas, especialmente Ethereum, se han apoderado de la mayor parte del mercado. Según State of the dApps, que rastrea las aplicaciones descentralizadas; casi el 80% de las dApps se basan actualmente en Ethereum.

Sin embargo, Ethereum está luchando porque su plataforma no es lo suficientemente rápida para hacer frente a la alta demanda. Hasta que pueda actualizarse a ETH2, los usuarios tienen que lidiar con altas tarifas y congestión de la red. Los contratos inteligentes de Cardano pueden significar que algunos de esos usuarios cambien a su sistema.

¿Por qué los contratos inteligentes son tan importantes?

Los Contratos Inteligentes son pequeños fragmentos de código que viven en la cadena de bloques. Son cambiadores de juego. Sin ellos, una base de datos Blockchain es un libro de contabilidad sofisticado que puede registrar y rastrear transacciones y datos. Pero con los contratos inteligentes, Blockchain se convierte en una plataforma programable que puede albergar otras aplicaciones.

La actualización Alonzo de Cardano incluye su propio lenguaje de desarrollo de contratos inteligentes llamado Plutus. Cardano quiere que las personas que no necesariamente tienen antecedentes técnicos puedan crear contratos inteligentes.

Aquí hay algunas cosas que los contratos inteligentes hacen posibles:

- Aplicaciones de finanzas descentralizadas (DeFi): este es un término general para las aplicaciones financieras que funcionan sin intermediarios como los bancos, por ejemplo, que ofrecen préstamos que no requieren un intermediario.
- Tokens no fungibles (NFT): estos activos digitales únicos a menudo son objetos de colección como tarjetas de arte o deportivas, con firmas digitales integradas que contienen información de propiedad.
- Aplicaciones de juegos: los jugadores pueden poseer activos en el juego a través de NFT, y los contratos inteligentes también pueden cambiar la forma en que funcionan las economías de los juegos.

CONOCIENDO UN POCO A CHARLES HOSKINSON. Fundador de Cardano

CHARLES HOSKINSON NACIÓ EN HAWÁI, el 5 de noviembre de 1987. Entre los años 2008 y 2010, estudió Teoría Analítica de los Números en la Universidad Estatal Metropolitana de Denver y en la Universidad de Colorado Boulder. Charles es matemático, tecnólogo, empresario, desarrollador, ajedrecista y pescador. Actualmente se desempaña cómo matemático e ingeniero criptográfico.

Si bien no hay muchos detalles sobre su infancia, ciertos blogs, artículos y publicaciones diversas, definen a Charles Hoskinson como un niño y un adolescente inteligente, eficiente y muy brillante con un marcado interés en todo aquello relacionado con los cálculos y operaciones numéricas. Ya como universitario, realizó estudios en el área de las matemáticas y la criptografía. Algunos portales y divulgaciones describen que su desempeño en estas áreas se volvió definitivamente en su verdadera pasión.

En el año 2013 estableció junto a un staff disciplinario, el Grupo de Investigación de Criptomonedas. Entre los años 2013 y 2014 se hace Cofundador y CEO de Ethereum, junto a Vitalik Buterin. Igualmente, Charles es CEO y fundador de Input Output Hong Kong IOHK en el año 2015. Hoskinson es uno de los desarrolladores principales del proyecto Cardano, lanzado en el año 2017. Su experiencia le ha dado para entonces, la oportunidad de ser el fundador además de Invictus Innovations; además de ocupar importantes, destacados y resaltantes cargos para empresas privadas y del sector público. Cabe destacar que Charles, fue el presidente fundador del Comité de Educación del programa Bitcoin Education Project.

En sus propósitos de actualidad, están la educación en temas especializados sobre criptomonedas, la evangelización de la descentralización y hacer de las herramientas criptográficas, un recurso de fácil y amigable utilización para todo el ecosistema cripto.

A diferencia de muchos otros actores y destacados participantes de la industria, la entrada de Charles Hoskinson en el ecosistema de criptografía y moneda digital fue mucho más personal cuando estaba en el directorio de una empresa co-fundada con el desarrollador Dan Larimer, más conocido como Invictus. Innovations Inc, con la que lanzaron la primera plataforma para desarrollar un negocio autónomo descentralizado, dado a conocer con el nombre de BitShares.

Este trabajo o proyecto, abrió el primer acceso a lo que muchos hoy conocen como DAO (acrónimo de una organización autónoma descentralizada), cuya dirección y administración estaba dictada por un protocolo más que por un árbol jerárquico de posiciones de liderazgo.

Más tarde, en 2013, Hoskinson inició el Bitcoin Education Project / Cryptocurrency Research Group, que registró en una de sus primeras publicaciones en el foro BitcoinTalk.org, informando a los interesados que la iniciativa era completamente gratuita para empezar.

Fue entonces cuando tuvo la oportunidad de conocer a Vitalik Buterin, lo que allanó el camino para que él fuera parte del grupo de nueve desarrolladores originales que están ayudando a dar forma al proyecto Ethereum.

2

DESARROLLO Y ROADMAP DE CARDANO

C ardano es un proyecto criptográfico como ningún otro, caracterizado por sus propias condiciones operativas y de funcionalidad que lo hacen además de interesante, muy atractivo para el ambiente cripto y su penetración en el mercado; captando día a día mayor y gran interés. Su proceso de desarrollo es inédito, genuino y sostiene su originalidad, yendo en contra de la mayoría del resto de las otras criptomonedas.

Uno de los pilares fuertes y fundamentales de Cardano es su Roadmap, siendo esta; una de las más claras. En la actualidad, la Blockchain Cardano se encuentra en la fase Shelley, activada a partir del mes de junio del año 2020. Esta actualización resultó en una franca y excelente mejoría en su descentralización de la red y optimizó la escalabilidad de Ouroboros Praos. Con esta creciente descentralización, la red se ha hecho, sin lugar a dudas; más segura, más rápida, estable y más escalable.

Como ya sabemos y tenemos claro, el proyecto Cardano fue fundado por Charles Hoskinson, uno de los que a su vez fue cofundador de Ethereum. Este personaje presentó, durante la introducción del proyecto, el objetivo de Cardano, que es antes, según sus palabras, todo para aprender de los errores de Ethereum que encuentra importantes bloqueos en temas de escalabilidad, desempeño y gobernanza.

Cardano se define a sí misma como una "organización sin fines de lucro e independiente", con su sede principal en Suiza, lugar desde donde supervisa su crecimiento, avances y desarrollo. La Fundación Cardano se reconoce a su vez, como el custodio legal de la marca Cardano, la cual trabaja en conjunción con IOHK y EMURGO para así, y de esta manera; garantizar que Cardano se despliegue, desarrolle e impulse como una nueva herramienta de solución posible y lo necesariamente segura, clara y comprometida para de esta manera, aportar y generar un cambio global francamente positivo.

La Fundación Cardano establece su dirección para el empoderamiento económico descentralizado, trabajando con reguladores en diferentes competencias dando así, forma a la legislación Blockchain y a los estándares comerciales, y consolidando a la comunidad Cardano para aprovechar el protocolo Cardano, siendo de gran utilidad en la resolución de problemas y conflictos de la vida real, más allá de la red.

EN EL MARCO del desarrollo propio de Cardano, nos encontramos con:

Goguen: La expansión de los Smart Contracts

Hoy por hoy, se está trabajando en la inclusión de los contratos inteligentes dentro de la cadena de bloques. Lo que Goguen va a hacer es agregar la capacidad necesaria a Cardano para que DAps se pueda desarrollar en su propia Blockchain usando el lenguaje de programación Plutus, lenguaje de programación basado en Haskell. En la actualidad, los primeros contratos inteligentes ya están funcionando y dando con éxito el resultado esperado, dentro de Alonzo; la red de prueba de Cardano. Recordemos que una red de prueba, es una copia de la cadena de bloques que se extrae de forma local para la realización de pruebas. Esto da por sentado y asegurado que cualquier falla potencial de la actualización o actualización bajo prueba no afecte a la red principal en lo absoluto.

Basho: Y las mejoras generales

La segunda actualización de Cardano es conocida con el nombre de Basho y tiene como objetivo básico y fundamental, la optimización de la plataforma. El objetivo primordial de esta actualización es mejorar, en su mayor expresión, la interoperabilidad y la inclusión de sidechains o cadenas laterales, las cuales permitan ofrecer los servicios de esta Blockchain de una forma más perfeccionada y en mejora de sus capacidades.

Gracias a la actualización Basho, está previsto que Cardano se convierta en la Blockchain con el mayor y más alto rendimiento, resiliencia y flexibilidad dentro del campo y ecosistema de las criptomonedas. Basho debe ofrecer la oportunidad de desarrollarse e incorporar nuevas funcionalidades de manera sostenible y segura sin comprometer la seguridad y la confianza plena que brinda la red.

Voltair: Gobernanza On-Chain

Por el momento la ruta de desarrollo concluye con el progreso de la gobernanza dentro de la propia Blockchain y mejora la descentralización lograda con Shelley. También se esfuerza por alcanzar la autosuficiencia en su desarrollo.

La intención o propósito de Voltair es dar origen a un sistema de gobernanza en cadena On-Chain, con un sistema de tesorería garantizado y descentralizado. Este mecanismo tiene como propósito la financiación a largo plazo y el sano desarrollo del proyecto como tal. IOHK dejará de ser la potencia o fuerza económica de Cardano en este punto, dando así al proyecto, completa y total libertad; de esta manera la comunidad aportará ayuda y apoyo al progreso mismo de las mejoras propuestas por varios grupos de desarrollo.

Con total seguridad, el gran baluarte de Cardano está en que su desarrollo se encuentra impulsado por un destacado y reconocido equipo de personas profesionales en la industria, quienes se han venido formando y capacitando constantemente en diferentes campos y áreas que impactan en positivo los fundamentos de constitución de Cardano. Su desarrollo puntual se encuentra actualmente muy bien enfocado, teniendo siempre en consideración y como cuota número uno; el objetivo es devolver todo a la comunidad. Una vez que su desarrollo sea del todo aprobado, sin ninguna duda la comunidad apoyará y financiará las sugerencias de mejora que se consideren puntuales y necesarias.

La intención de Cardano consiste en desarrollar una plataforma verdaderamente alternativa de gestión de contratos inteligentes que cree un ecosistema DeFi mucho más rico, consistente y efectivo. Todo ello sin dar carreras y sin prisas, con una adecuada revisión de su código para así evitar esas posibles brechas de seguridad que pongan en riesgo la red y en condiciones adversas, suelen ocurrir.

¿Quién está detrás de Cardano?

Cardano es un gran proyecto, gobernado por diferentes organizaciones. Así es como se ve su gobernanza.

Al frente del proyecto Cardano, se encuentra la Fundación Cardano, una entidad sin ánimo ni fines de lucro. Con sede en Suiza, la Fundación Cardano logró una Oferta Inicial de Monedas ICO (Initial Coin Offering) de 62,2 millones de dólares americanos en el mes de octubre del año 2015.

Frederik Gregaard, director ejecutivo de la Fundación Cardano en la actualidad, es un ex director financiero de la PwC Price waterhouse Cooper, una de las cuatro grandes firmas de auditoría contable más grande del mundo, junto a KPMG, Deloitte y Ernst & Young.

Gregaard dice que en los actuales momentos se encuentra siguiendo una estrategia aplicable y con perdurabilidad para los próximos 50 a 100 años, aproximadamente.

La Fundación Cardano se ha fijado un interesante proyecto basado en objetivos sostenibles, sustentado en pilares de peso y valor enfocado en cinco gestiones de gran importancia que hacen de ella; Cardano y su fundación un plan con intenciones y objetivos significativos, inspiradores de respeto y confianza.

Veamos a continuación sus principales misiones:

- Como aspecto básico y fundamental: Impulsar la adopción de Cardano.
- Implementar legislación para hacer que Cardano sea interoperable con los diversos estándares legales y comerciales.
- Promover, apoyar y hacer crecer la comunidad de Cardano.
- Asegurar los intereses propios de los accionistas de Cardano, titulares de ADA.
- Facilitar y proporcionar asociaciones con el mundo de la industria.

Para dar cabal cumplimiento, sustento y factibilidad a tales aspectos a favor de su desarrollo, La Fundación Cardano ha constituido y mantiene conformado un excelente y atractivo equipo de trabajo, conformado por:

- 5 miembros de junta.
- 13 especialistas en TI (Technical Integrations).
- 4 PR (Public Relationships).
- 3 marketers.

- 5 administradores de la comunidad.

El DESARROLLO de una cadena de bloques tan ambiciosa como Cardano y al nivel que se le ha querido otorgar e impregnar con tanto esfuerzo y verdadero empeño, es una tarea definitivamente muy minuciosa y lo suficientemente complicada, por lo que, hasta este momento, no hay quien haya logrado tal hazaña, ni siquiera en los ámbitos computacionales de Bitcoin o Ethereum.

Fue a la organización IHK, una empresa creada por Charles Hoskinson a quién se le asignó este fascinante proyecto. Hoskinson forma parte del multidisciplinario equipo de trabajo conformado por 7 desarrolladores, encargados de fundar Ethereum en el año 2015, y es además uno de los dos cofundadores del proyecto Cardano. Pero para un desarrollador del tipo Rockstar no es suficiente llevar la carga plena que representa desarrollar Cardano, por lo que consideró oportuno brindarse un "poco" de apoyo.

Input Output Hong Kong - IOHK, una de las compañías más reconocidas en la actualidad por dar impulso a la creación, ofreciendo su apoyo y soporte global a la red Cardano; uno de los proyectos Blockchain más ponderados de la actualidad criptográfica. IOHK brinda desarrollo de software y soporte tecnológico a Cardano. Fue fundada en el año 2015 en la ciudad de Hong Kong (China), por Charles Hoskinson y Jeremy Wood. Aunque IOHK, está dirigida a empresas y se encarga de ofrecer productos y servicios a organizaciones de todo el mundo, se dedica en exclusiva al desarrollo y evolución de Cardano. Se trata pues, de una empresa dedicada al desarrollo de soluciones Blockchain y cripto.

Mejor conocida como IOHK, fue concebida bajo la premisa de hacer uso debido y óptimo de la tecnología Blockchain a favor del perfeccionamiento de soluciones P2P, especialmente dirigidas para personas excluidas del sector de los servicios financieros. Para IOHK, Cardano es la joya de la corona.

Según los datos suministrados en la página web de Input Output

Hong Kong - IOHK, la empresa está constituida por 256 personas que conforman su staff de trabajo y que se encuentran distribuidos en diversas regiones del mundo, quienes en su mayoría son desarrolladores especialistas en Blockchain, cuya conformación principal cuenta con la presencia de:

- 2 fundadores
- 5 directores
- Más de 30 investigadores
- Más de 120 ingenieros
- 10 vendedores

A DIFERENCIA de la gran mayoría de las cadenas de bloques basadas y fundamentadas en documentos técnicos y/o especializados, Cardano es un proyecto con fuertes raíces académicas que se toma muy en serio su enfoque a favor de los desarrollos de crecimiento, los cuales se basan en investigaciones, que han sido financiadas pero también publicadas por IOHK , para su revisión por pares. Antes de la implementación de los protocolos, es necesario pasar por esta fase de revisión y valoración crítica-objetiva, ineludible para detectar fallas en los protocolos.

El idioma predeterminado de la plataforma Cardano es Haskell, un idioma que permite pruebas matemáticas al nivel de exigencias del funcionamiento del software. En la Blockchain de Cardano, el nivel de seguridad está altamente probado y garantizado.

A pesar de su enfoque minucioso, cauteloso y, por lo tanto, necesariamente más lento; el equipo de IOHK no está inactivo y mucho menos pasivo ante Cardano, ya que este es el proyecto que ha visto la mayor actividad en Github durante todo el año 2019, muy por delante de Ethereum.

Emurgo: La rama comercial de Cardano

Emurgo es el brazo comercial de Cardano. La empresa de inversión digital se encarga de crear puentes entre Blockchain y el mundo económico: Estados, empresas y particulares entre otros. Emurgo comercializa todo lo relacionado y concerniente a soluciones industriales basadas en la cadena de bloques. Destacando entre ellas:

- Trazabilidad del producto: Uso alimentario, cosmético y médico.
- Almacenamiento seguro de información: Médica.
- Automatización de transferencias de energía: Contratos inteligentes.
- Aplicaciones financieras: Seguros y servicios afines.

EN LA ACTUALIDAD el equipo empresarial Emurgo, está compuesto por 6 gerentes atendiendo diversas áreas ocupadas por un total de 43 empleados. De momento muestra cierta inclinación por estar enfocada en la captación y atención de los mercados de habla inglesa, asiática, india e indonesia.

El futuro del desarrollo de Cardano

Si Cardano es hoy por hoy un proyecto con el personal adecuado, nunca es del todo bueno que una cadena de bloques tenga una gobernanza centralizada. La fase Voltaire del proyecto, la última, planea descentralizar completamente la gobernanza para poner a los desarrollos de Blockchain completamente en manos de los accionistas de Cardano, los titulares de la criptomoneda ADA.

Ya en repetidas ocasiones, mediante charlas, conversaciones y entrevistas, Charles Hoskinson ha hablado sobre la descentralización del gobierno. Con este fin, Cardano podrá dividir los protocolos de decisión en procesos, y estos procesos a su vez, se integrarán gradualmente en la cadena de bloques. Con más de 3.000 personas actualmente involucradas en discusiones sobre la estructura de la cadena de bloques y su futuro, no hay duda de que surgirán buenas ideas dentro de la comunidad. A medida que avanzan las discusiones, las propuestas finales surgirán de las diferentes comunidades y se podrán someter a votación y consideración directamente en la cadena de bloques.

Entonces, Blockchain podrá regular a través de su grupo de accionistas, cuándo, cómo y a quién se distribuirá el dinero para los fines tales del proyecto. Los mismos fundadores del proyecto serán los responsables directos de proporcionar todos los datos e información necesarios sobre el progreso del proyecto a la comunidad, y serán libres de ser seguidos de cerca por ciertos miembros para facilitar el acceso a la financiación posterior.

Parece obvio que IOHK, después de haber completado las 5 fases críticas del desarrollo de la Blockchain de Cardano, seguirá siendo un actor en ella, porque se habrán ganado la confianza de la comunidad y, digámoslo así; muy bien merecida. Pero este proceso permitirá ver el surgimiento de otras empresas, desarrolladores e ideas capaces de hacer evolucionar la cadena de bloques y trabajar simultáneamente en sus respectivas evoluciones.

Un aspecto de gran valor propio de Cardano, criptomoneda y Blockchain de tercera generación que ha sido establecida y edificada sobre la base de estudios revisados por pares, es el carácter que le ha llevado a posicionarse y ser considerada la primera Blockchain científica en el ecosistema criptográfico.

Si el criptomundo ha experimentado crecimiento y desarrollo en los tiempos recientes; este ha sido directamente proporcional y en conjunto con Cardano; uno de los más atractivos proyectos existentes en la comunidad cripto de tercera generación. Cardano, una Blockchain cuyo objetivo básico y fundamental es el de brindar escalabilidad, confianza y seguridad.

Cardano ha dedicado grandes esfuerzos y un alto número de horas de trabajo dedicado a alcanzar sus más claros e importantes objetivos y avances tecnológicos, por demás estrictamente interesantes. Situación esta, que le ha permitido lograr metas y conseguir importantes éxitos en su escalada de desarrollo en servicios y carácter criptográfico. A su vez, ha demostrado que su tecnología Blockchain tiene una capacidad particular de hacer frente a todos retos que encuentre en el presente para entonces garantizar un futuro más prometedor, entusiasta y libre de dificultades.

Después de dos años de desarrollo, Cardano se convirtió en una realidad tangible. Más precisamente, el 23 de septiembre de 2017, se extrajo con éxito el primer bloque de esta criptomoneda y comenzó entonces, su inmutable historia. El nombre que recibió el proyecto se deriva del nombre de Girolamo Cardanos, un reconocido y erudito médico italiano quien se dio a conocer por los primeros cálculos de probabilidad sistemáticos.

El token nativo de Cardano pasó a ser ADA, cuyo nombre proviene de ADA Lovelace, una renombrada mujer con destacados conocimientos en matemáticas, además de ser escritora inglesa, muy bien conocida por la elaboración de su trabajo en la computadora mecánica de propósito general, labor propuesta por Charles Babbag, quien fuera para tales efectos; el motor analítico. A partir de entonces, la clara nota científica del proyecto es reconocible en todos los aspectos.

De hecho, Cardano se destacó desde el principio con explicaciones claras, hitos claros y desarrollos para el proyecto. La idea detrás de esto no era solo explicar su trabajo con claridad, sino también mostrar que el proyecto era una clara y poderosa ambición a largo plazo. Y que se trataba de resolver problemas como la escalabilidad, buscar mejoras en la descentralización y en la seguridad de la propia tecnología Blockchain.

Esto resultó en que Cardano se clasificara como una cadena de bloques de tercera generación. Es decir, con funciones claramente establecidas para enviar y recibir valores, para programar contratos inteligentes y disponer de una arquitectura modular fácilmente adaptable.

Ahora bien, un poco más allá de todo lo que hemos expuesto, vale decir que Cardano, ha seguido un claro camino de desarrollo que le ha permitido la posibilidad de alcanzar importantes hitos. Y lo han conseguido gracias su valioso capital humano involucrado y comprometido con el proyecto, sumado a ello, la presencia de IOHK y la gran comunidad científica, de usuarios y desarrolladores que se ha unido a su alrededor.

El Roadmap de Cardano, investiguemos en detalle

Cardano se caracteriza por ser una reconocida plataforma de Smart Contract concebida, planificada y fundada por Charles Hoskinson, quien además es uno de los cofundadores que dio vida al surgimiento la segunda mayor criptomoneda: Ethereum. No obstante, Hoskinson fue mano impulsora que ayudara a Ethereum a tomar vuelo, la manera como él veía la forma que correspondería confeccionar el plan, era sin duda; totalmente diversa a era considerada por quienes formaban parte del grupo de trabajo. Esta situación e idea que rondaba en su mente, provocó que Charles decidiera en cierto momento, declinar en sus responsabilidades frente a Ethereum y poner su cargo a la orden; y así concentrarse en el proyecto que le daría origen y vida a la creación de su plataforma basada en contrato inteligente, una idea inédita que resultó en Cardano.

El hecho que hace de Cardano un protocolo genuino, es la instauración en diversas etapas; cada una con su debida y propia importancia a la vez. Este es un enfoque muy diferente al de la mayoría de los otros proyectos. Ethereum, por ejemplo, se lanzó de una vez. La ventaja de publicar todo a la vez es que permite que el proyecto sea adoptado. Actualmente, Ethereum tiene la comunidad de desarrolladores más grande y una gran ventaja en la adopción frente a Cardano. La desventaja es que al publicar todo a la vez, habrá errores que pueden hacer que el protocolo sea susceptible a ataques.

AL IMPLEMENTAR la cadena de bloques en etapas, Cardano puede lanzar un código mejor a expensas de sacrificar la ventaja de ser el primero en moverse. ¿Qué estrategia es mejor? Es demasiado pronto para decirlo con certeza. Tendremos que esperar y ver cómo es la adopción de Cardano una vez que el proyecto esté completamente desarrollado.

Desde su aparición hace más de una década, las redes Blockchain han evolucionado significativamente tanto en términos de tecnología como de casos de uso. Anunciada como una de las tecnologías más innovadoras del nuevo siglo, Blockchain tiene como objetivo revisar los sistemas centralizados existentes en todas las industrias y eliminar sus ineficiencias.

El primer evento histórico que marcó el inicio del movimiento Blockchain fue, por supuesto, Bitcoin. La primera criptomoneda del mundo se ejecuta en una cadena de bloques de primera generación basada en el algoritmo de consenso de prueba de trabajo PoW y fue diseñada principalmente para procesar transacciones.

Ethereum llegó a la escena solo unos años después, allanando el camino para la floreciente industria financiera descentralizada DeFi de hoy. La introducción de contratos inteligentes desplegables y aplicaciones descentralizadas DApps fue un cambio de juego para la industria Blockchain, lo que le permitió escalar a nuevas alturas y alentar a los desarrolladores a experimentar con nuevos casos de uso de la tecnología.

En lo que respecta a las plataformas de contratos inteligentes, Ethereum actualmente domina el espacio. Sin embargo, problemas como la congestión de la red, las altas tarifas de transacción y las dificultades de la red para escalar han frenado el potencial de la plataforma a lo largo de los años, por lo que las cadenas de bloques de tercera generación como Cardano están ganando cada vez más tracción.

El protocolo Cardano aún está en desarrollo y su Roadmap se puede dividir en cinco fases. A diferencia de la mayoría de los equipos de desarrollo de Blockchain, el enfoque de Cardano es más modular. Aunque las fases se dividen en diferentes "eras", el equipo de Cardano está trabajando en todas ellas simultáneamente. Se puede ver que cada era se asemeja a una pista de desarrollo en lugar de una línea de tiempo fija.

La Primera Fase: La Era Byron

Tomó su nombre de Lord Byron, un poeta y padre de ADA Lovelace. Esta era marcó la creación de la arquitectura principal de la red. También fue testigo de la implementación de la funcionalidad básica del protocolo para garantizar el buen funcionamiento de la red y su tecnología central.

Byron marca el lanzamiento inicial de la cadena de bloques Cardano (ADA). Un hecho poco conocido es que el símbolo ticker de Cardano, ADA, se refiere a ADA Lovelace, quien a menudo es considerada una de las primeras programadoras de computadoras del mundo.

Dado a conocer a nivel mundial para el mes de septiembre del año 2017, Cardano fue puesto en el mercado con un producto mínimamente variable (MVP); por pate de Byron como su responsable. A partir de entonces, quienes utilicen la red, están en capacidad de efectuar sus operaciones de envío y recepción, de igual manera; resguardar sus criptomonedas en Daedalus, la wallet oficial. De esta manera, todo el poderío de Cardano, sería palpable exclusivamente en nuevas versiones.

Durante esta era, la billetera Daedalus, la billetera de escritorio oficial de IOHK para ADA, se integró en el ecosistema de Cardano, además de Yoroi, una billetera liviana de la firma hermana de IOHK, Emurgo, que fue diseñada para el uso diario y ofrecía una transacción eficiente y de excelente ejecución.

La Segunda Fase: La Era Shelley

Estableció un mayor grado de descentralización en la plataforma. Comenzando con el lanzamiento de la red principal de Cardano, Shelley vio que el ecosistema de Cardano se alejaba de la era de Byron federada a una mayor dependencia de los nodos administrados por la comunidad. Esta era también vio la introducción de esquemas de delegación e incentivación.

Shelley fue un gran problema porque trajo apuestas a Cardano. A la comunidad de criptomonedas le encanta apostar, y en los meses previos al lanzamiento de Shelley, la capitalización de mercado de Cardano aumentó significativamente.

El equipo de Cardano se refiere a Shelley como el hito de la descentralización, ya que la introducción del Staking descentralizará a los validadores. En pocas palabras, en la primera fase había una pequeña cantidad de validadores que aseguraban la red Cardano. Ahora que se ha implementado la segunda fase, cualquiera puede convertirse en validador. Esto crea una red más robusta y segura que es difícil de comprometer.

Cardano pretende que apostar sea lo más simple posible para que cualquiera pueda hacerlo. Los usuarios pueden apostar directamente desde la billetera oficial de Daedalus o una billetera de terceros como Exodus. Apostar a Cardano con Exodus, resulta fácil y es muy sencillo.

La Tercera Fase: La Era Goguen

Esta tercera fase trajo contratos inteligentes a Cardano, lo que permitió la creación de aplicaciones descentralizadas en la red utilizando su lenguaje de desarrollo de contratos inteligentes, Plutus. Durante este tiempo, Cardano también implementó un libro de contabilidad multi-divisa para facilitar la creación de nuevos tokens compatibles de forma nativa.

La actualización de Goguen traerá capacidades de contrato inteligente al protocolo. Si ha habido una crítica constante a Cardano, es que Cardano es una plataforma de contratos inteligentes que no los tiene. Incluso tres años después de su lanzamiento inicial en 2017, todavía no era posible crear contratos inteligentes en Cardano. Actualmente, la fecha de lanzamiento programada para Goguen, se encuentra en espera. Cabe destacar que esta tercera fase fue dividida en tres etapas: Allegra, Mary y Alonzo.

La actualización Allegra vio la luz el 16 de diciembre del año 2020 y la actualización Mary el día 1° de marzo de 2021. Queda pendiente y aguardamos por la actualización Alonzo, que fue subdividida a su vez en tres nuevas diferentes fases: **Blue, White y Purple.**

La actualización total y expansiva de Alonzo estuvo prevista y planificada para ser lanzada en agosto del año 2021, este momento se mantiene aún en stand by, y la anhelada presentación, segura de brindar consolidación y mayor valor a Cardano debe esperar un poco, pues esta nueva fase sigue en la sección de la red bajo importantes ajustes de pruebas para su adelanto.

Considerando que Alonzo lleva consigo la tan esperada y anhelada funcionalidad de los Smart Contracts a la red, la comunidad se encuentra ansiosa por verlos en acción tan pronto sea posible, ya esto implica la habilitación de las aplicaciones descentralizadas (DApps) en su Blockchain.

Una de las características más interesantes que hará resaltar a Goguen será su lenguaje de programación Marlowe. La idea que hay dentro de Marlowe es que permitirá a sus usuarios, aún sin experiencia en temas de software y programación crear contratos inteligentes.

Otra de las resaltantes particularidades de Goguen es que proporcionará soporte simbólico a Cardano. Los desarrolladores podrán generar y crear sus tokens fungibles y no fungibles, el equivalente a los patrones de tokens ERC20 y ERC721 en Ethereum.

La Cuarta Fase: La Era Basho

Implicará escalar la red Blockchain, agregando soluciones enfocadas en mejorar su rendimiento y estabilidad. También introducirá cadenas laterales interoperables, que ayudarán significativamente a Cardano a manejar niveles de rendimiento más altos, junto con estilos de contabilidad paralelos que pueden facilitar una mayor interoperabilidad para Cardano y sus aplicaciones.

La característica principal de Basho es que traerá cadenas laterales a Cardano. Esto ayudará a la red a escalar para que pueda manejar significativamente más transacciones por segundo.

Las cadenas laterales son una forma de realizar transacciones en una red lateral que está separada de la capa base principal de Cardano. La forma en que suele funcionar una cadena lateral es que las transacciones se realizan en forma paralela. Periódicamente, todas estas transacciones se agruparán y validarán en la cadena principal. Debido a que las transacciones se realizan en la cadena lateral, no se ven afectadas por la congestión en la cadena principal.

En términos de una analogía, una cadena lateral es como una carretera que corre junto a otra vía expresa o autopista (la cadena principal). Los automóviles pueden circular por la carretera (sidechain) y luego, a intervalos periódicos, pueden acceder a la autopista a través de una rampa de entrada. Puede haber múltiples cadenas laterales a lo largo de la autopista Cardano y se pueden personalizar para cumplir con diferentes requisitos de diseño.

La Quinta Fase: La Era Voltaire

Está designada como la era final de Cardano. Voltaire establecerá una red autónoma y descentralizada, transfiriendo la responsabilidad del futuro de Cardano a la comunidad. En lugar de que el desarrollo y él mantenimiento los lleve a cabo una entidad centralizada como la Fundación Cardano, la propia comunidad tendrá la tarea de defender la red. La comunidad seguirá el ejemplo de los sistemas de tesorería, votación y delegación de Cardano para acelerar su evolución hacia un protocolo descentralizado, autosuficiente y completo.

Los participantes también podrán ayudar a que la red crezca proponiendo mejoras para que las partes interesadas voten, y el protocolo distribuirá tarifas de transacción para financiar diversas actividades de desarrollo sugeridas por estas propuestas de mejora.

Esta quinta fase, la final, traerá la gobernanza a la red Cardano. Al igual que otras redes, los titulares de Cardano podrán usar sus monedas para votar sobre cómo se debe gastar la tesorería de Cardano y qué tipo de trabajo de desarrollo se debe realizar en la red.

Los poseedores de monedas Cardano podrán proponer cambios en la red, y luego otros usuarios podrán votar sobre esas propuestas. Cardano espera que este enfoque descentralizado para el mantenimiento y la mejora de la red sea más beneficioso que tener una organización centralizada que tome todas las decisiones.

Cardano es un proyecto ambicioso que tiene como objetivo consolidar todas las características de alta tecnología de otras cadenas de bloques en un solo lugar. Contratos inteligentes, un mecanismo de consenso de prueba de participación, escalado a través de cadenas laterales y un modelo de gobernanza descentralizado. Todo esto requiere mucho trabajo y más tiempo del que a nadie le gustaría, pero los resultados deberían y prometen ser los mejores esperados para esta valiosa red científica criptográfica.

Varios equipos e iniciativas están construyendo actualmente el ecosistema de Cardano, pero hay tres organizaciones clave que en la actualidad son las principales responsables del desarrollo y mantenimiento de la cadena de bloques. El protocolo central de la cadena de bloques ha sido creado por la Fundación Cardano sin fines de lucro independiente con sede en Suiza, cuyo objetivo principal es asegurar y promover el protocolo Cardano y monitorear la *tokenomía* de ADA.

La Fundación Cardano contrata a otras dos organizaciones para ayudar a construir el ecosistema de la red, la plataforma global de soluciones Blockchain, Emurgo y la firma de investigación y desarrollo Blockchain IOHK.

Emurgo se conoce comúnmente como el brazo de capital comercial y de riesgo de Cardano, mientras que IOHK es el brazo de tecnología de Cardano, que se centra en aprovechar las innovaciones de igual a igual para proporcionar servicios financieros.

Cardano ha atraído una atención significativa en los últimos tiempos, especialmente con las altas tarifas de gas y la congestión de la red en Ethereum que empuja a las aplicaciones DeFi a buscar alternativas.

Cardano parece ser mucho más fuerte que Ethereum en términos de rendimiento. Ethereum puede manejar 15 transacciones por segundo (TPS) en su estado actual, aunque se espera que su actualización propuesta con fragmentación mejore las velocidades de transacción hasta casi 100.000 TPS. Por el contrario, Cardano ya puede admitir cientos de transacciones por segundo, y con su protocolo Hydra de capa 2 en desarrollo, el rendimiento de la red podría aumentar a más de 1 millón de transacciones por segundo.

En términos de capacidades de contrato inteligente, Ethereum es relativamente menos tolerante a errores, mientras que el CCL de Cardano ofrece más flexibilidad en caso de que sea necesario realizar cambios en las aplicaciones implementadas. Además, Cardano también permite a los usuarios establecer reglas personalizadas para confirmar transacciones.

Sin embargo, Ethereum está listo para completar su migración de PoW a PoS y esta modificación podría cambiar rápidamente los giros a su favor. El lanzamiento propuesto de Ethereum 2.0 Phase 1 a finales del año 2021, debería abordar muchos de los déficits significativos de la red. Con redes como Cardano haciendo realidad la interoperabilidad de Blockchain, la industria bien puede ganar más a largo plazo a través de la colaboración, en lugar de la competencia.

Cardano hace votos por la posibilidad de establecer una huella de Blockchain cada vez más verde, tarifas de gas mucho más bajas, económicas y de un mayor rendimiento, lo que le hace creer a toda la comunidad que lo convierta en un espacio preponderante para los NFT, así como también la admisión de la corriente principal de las DeFi, que son los dos planos en los que todos y cada uno de los inversores institucionales están definitivamente muy interesados.

Cardano vs Ethereum 2.0

Antes de entrar en detalles sobre qué diferencia a una cripto de otra y qué detalles o aspectos hay en contra de ellas, veamos un concepto referente a Cardano y a Ethereum.

¿Profundicemos nuevamente qué es Cardano?

Es concreto, tengamos claro y sencillo que Cardano es una plataforma Blockchain. Pertenece a la prueba de participación de tercera generación. Lo que lo distingue de las otras plataformas Blockchain es su compromiso con la investigación científica revisada por pares sobre el proceso de actualización de los bloques de construcción en su plataforma. La criptomoneda utilizada en las transacciones en esta plataforma es "ADA". El cofundador de Ethereum fue quien comenzó a desarrollar Cardano en el año 2015 y lo lanzó finalmente con gran éxito en el año 2017.

Las organizaciones responsables del desarrollo y gestión de Cardano son IOHK, Fundación Cardano y Emurgo. Entre estas organizaciones, IOHK es responsable del desarrollo de Cardano.

Las organizaciones anteriores están compuestas por dos organizaciones sin fines lucrativos que son IOHK y Cardano, mientras que Emurgo, que sí es una empresa con fines de lucro. La IOHK - Input Output Hong Kong incluye un equipo multidisciplinario de científicos repartidos por todo el mundo para gestionar la investigación y revisar las actualizaciones de la plataforma antes de la implementación para que los cambios sean escalables.

Cardano también es una plataforma de contrato inteligente y le ha demostrado a Ethereum, que es en sí, una gran alternativa cripto. Atala Prisma, Atala SCAN y Atala Trace son los productos emitidos por la organización Cardano que mantiene los servicios e imagen de Cardano.

¿Revisemos nuevamente qué es Ethereum?

Al igual que su partner criptográfico, Ethereum también es una plataforma de cadena de bloques de código abierto descentralizada. Es la plataforma Blockchain más activa de la red. Ethereum es el segundo mercado más grande después de Bitcoin por capitalización de mercado. Ethereum posee y usa "Ether" como criptomoneda para todas las transacciones en la plataforma.

El programador Vitalik Buterin propuso el concepto de Ethereum en el año 2013, y luego se organizó el crowdfunding en el año 2014. Todos estos eventos llevaron al éxito de Ethereum cuando se puso en marcha el 30 de julio de 2015 con el primer envío de 72 millones de monedas.

Proporciona a los usuarios el servicio para iniciar y ejecutar las aplicaciones descentralizadas en el servidor. Se está trabajando en otra versión de actualización que incluye varias instalaciones mejoradas. La nueva versión se llama Ethereum 2.0 e incluye la transición de la prueba de participación, y su otro objetivo es aumentar el rendimiento de la transición mediante el uso de fragmentación.

Todavía es un trabajo en progreso y se lanzará muy pronto. También es de código abierto y tiene una funcionalidad de contrato inteligente. La razón de ser de código abierto fue la visión de Vitálik Buterin de verlo como una "computadora" global. Todo el mundo tiene acceso a esta "computadora" para que cualquiera pueda iniciar y ejecutar la aplicación de su preferencia.

Diferencias básicas entre Cardano y Ethereum

La revolución y la superación son las claves de la satisfacción humana. Todos los esfuerzos constantemente por mejorar el día anterior, con el objetivo de lograr y alcanzar satisfacción. Estos continuos cambios y mejoras en los esfuerzos de las masas conducen a revoluciones que pueden tardar generaciones en reconocerse. Una de esas nuevas revoluciones está en camino que parece ser el futuro de la próxima generación: **Blockchain.**

El proceso todavía sigue y está en pleno desarrollo. Blockchain es una red que se mantiene en franco y consciente crecimiento, en conexión total con la criptografía, y sus unidades de empalme denominadas bloques. Cardano y Ethereum son ambas, plataformas del sistema cripto que se basan precisamente en la Blockchain o cadena de bloques, las cuales ofrecen la posibilidad de aplicaciones descentralizadas y de contactos inteligentes.

Son interesantes sistemas operativos en la red, que han sido planificados, diseñados y desarrollados por equipos de trabajo debidamente conformados y que exploran todas las áreas del ecosistema cripto para garantizar la confiabilidad, garantía y seguridad de un servicio que en adelante "administrará" recursos económicos y bienes de forma descentralizada en completa tranquilidad; sujeta a las variantes y fluctuaciones producto de la dinámica misma que genera de forma automática un sistema global de mercado cambiante. Cardano, Ethereum y muchas otras criptomonedas, buscan como objetivo básico; satisfacer a sus usuarios en torno a un sinfín de requerimientos propios a sus exigencias; allí es cuando comienza la carrera hacia el éxito con una buena propuesta, sostenible, duradera, estable y garante de ecuanimidad a favor de quien decida hacerse parte de la comunidad en cuestión.

Cardano vs Ethereum

La diferencia entre Cardano y Ethereum es la criptomoneda nativa que utilizan para todas las transacciones en la plataforma. La criptomoneda nativa utilizada por Cardano para todas las transacciones en la plataforma es la conocida con el nombre de ADA, mientras que la criptomoneda nativa dentro de la plataforma Ethereum es el Ether para todas las transacciones.

Cardano es la primera de las terceras revoluciones de Blockchain. Tiene dos capas integradas. Estos dos niveles dan la libertad de proporcionar más conjuntos de reglas en los contratos inteligentes. Es una plataforma Blockchain de prueba de participación. Las organizaciones de desarrollo de Cardano son IOHK, Fundación Cardano y Emurgo.

Ethereum es una plataforma Blockchain descentralizada. Es de código abierto y tiene una funcionalidad de contrato inteligente. La criptomoneda nativa en la plataforma para las transacciones es Ether. En todas las cadenas de bloques disponibles, es esta la cadena de bloques más utilizada. En términos de capitalización de mercado, tiene el segundo mercado más grande de todo el mundo después de Bitcoin.

PRINCIPALES DIFERENCIAS entre Cardano y Ethereum

- Cardano es supervisado por IOHK, Cardano Foundation y Emurgo, aquellas organizaciones donde IOHK es responsable de desarrollar Cardano; mientras que Ethereum es una plataforma de código abierto.

- Cardano comenzó a desarrollarse en el año 2015 y se lanzó en el año 2017, mientras que Ethereum se puso en marcha directa el 30 de julio de 2015.

- El desarrollo de Cardano fue llevado a cabo por el cofundador de Ethereum, Charles Hoskinson, mientras que la idea de Ethereum fue propuesta por Vitalik Buterin y financiada por crowdfunding para el desarrollo en el año 2014.

- Cardano usa ADA como moneda para los intercambios, mientras que Ethereum usa Ether para las transacciones.

- Las organizaciones aún mantienen Cardano, mientras que Ethereum es de código abierto y está disponible para todos.

A TRAVÉS de un sencillo cuadro, veamos un comparativo entre Cardano y Ethereum, estas dos importantes y hasta muy relacionadas criptomonedas, por el hecho de contar en sus inicios y fundación; con la participación destacada de Charles Hoskinson.

Parámetros Comparativos: Cardano vs Ethereum

OrganizaciónIOHK, Cardano Foundation y Emurgo son las organizaciones detrás del desarrollo de Cardano.Es una plataforma Blockchain de código abierto descentralizada.

EstablecimientoEl desarrollo comenzó en el año 2015 y se inició en el año 2017Inició sus operaciones el 30 de julio del año 2015.

FundaciónFue desarrollado por el cofundador de Ethereum, Charles Hoskinson.Fue propuesto por Vitalik Buterin y el desarrollo se financió mediante crowdfunding en el año 2014.

Moneda Propia (Nacional)Cardano usa ADA como la criptomoneda nativa para sus transacciones.Ethereum usa Ether como criptomoneda para transacciones en la plataforma.

Mantenimiento

- Cardano es administrado por organizaciones independientes.
- Ethereum es una plataforma de código abierto en la que cualquiera puede iniciar y ejecutar una aplicación.

A LO LARGO de esta galopante historia dentro de la carrera digital criptográfica transformadora, las monedas virtuales están alcanzando su punto máximo de mayor expresión y la cadena de bloques, a su vez; está explorando sus más acentuados beneficios tras una nueva técnica para aprovecharla de forma mayúscula y al máximo.

Muchas cadenas de bloques ya se encuentran en su lugar indicado, y estas dos: Cardano y Ethereum, son solo una muestra de ello. Los fundamentos, bases y estructuras de la Blockchain siguen siendo los mismos, pero las ideas, aplicaciones y técnicas cambian con cada uno de ellos, tal cual una guitarra; con el respeto de la comparación. Allí está el instrumento íntegro y dispuesto a dejarse escuchar, ella sonará, vibrará y cautivará según y la manera de cómo sea ejecutada por el músico que dé rienda suelta a su destreza, imaginación y técnica.

Muchas monedas por medio de su respectiva Blockchain o estructura, nos ofrecen servicios adicionales que los pretenderán llevar a la cima y otros se dedican a participar en una competencia para establecer nuevas y vanguardistas tecnologías en las que otros ni siquiera han llegado a imaginar. Al igual que estos casos, Cardano y Ethereum tienen sus muy marcadas y puntuales algunas ventajas entre sí, por lo que ambas están allí, en la carrera, compitiendo cada una por obtener cada cual su merecido peldaño y reconocido lugar dentro del campo y ecosistema criptográfico.

Si bien Cardano y Ethereum se preparan día a día para generar y ofrecer actualizaciones importantes al mercado, la pregunta más usual que solemos escuchar y leer por parte de la mayoría de los inversores en criptomonedas es ¿Cuál de las dos criptomonedas generará un mayor margen de ganancias?

El pasado año 2020, tanto Ether como ADA lograron superar a Bitcoin. En el caso de Ethereum, su tasa ha registrado recientemente un aumento considerable, yendo de 132USD a 241USD a mediados del mes de julio del 2021, lo que es igual al 82,5%, mientras que la tasa de Cardano por su parte también ha manifestado crecimiento tras un asombroso 290%, escalando de 0,0330USD hasta llegar a 0,1285USD. Todo ello frente a un notable contraste a la vista de crecimiento modesto para Bitcoin, de tan solo un 28%, manteniéndose en el tope de las monedas virtuales.

El hecho más interesante y de manifiesta relevancia es que la mayor parte del crecimiento experimentado por Cardano se produjo en un corto período de tiempo durante los meses de mayo y junio. Al mismo tiempo, Ethereum también ha venido creciendo de manera constante, incluso desde el colapso épico del mercado de cifrado registrado los días el 12 y 13 de marzo.

Ambas monedas deben su notable desempeño en parte a la recuperación general en la industria de la criptografía. Sin embargo, no podemos dejar de lado otro importante y relevante factor influyente a favor de esta consecuencia, y es el destacado sistema de actualizaciones técnicas de las cuales son objeto tanto Cardano como Ethereum, esto haciendo referencia al caso particular que nos ocupa en este capítulo.

La tan esperada actualización 2.0 de Ethereum se ha vuelto a retrasar una vez más, posiblemente vea la luz hasta el próximo mes de enero del año 2022. Mientras que, por su parte, a Cardano se le ve serena y tranquila transitando por un muy buen camino con su bifurcación Shelley del pasado 29 de julio.

Es la administración y utilización óptima del tiempo y el contenido de estas actualizaciones lo que mejor expone, explica y determina las más resaltantes diferencias dinámicas de precios y valor que representan y posesionan a Cardano y a Ethereum dentro de la red a favor del servicio para la comunidad cripto y sus distinguidos usuarios y clientes.

Cardano ft Ethereum

La fundación de Cardano ocurrió luego de Bitcoin y Ethereum

pudo aprender muchísimo de aquellos errores en los cuales incurría BTC, para así poder aprovechar y saberse de sus propias fortalezas. El fundador y CEO Charles Hoskinson llama a Cardano, una criptomoneda de tercera generación, lo que significa que ADA ya tiene algunas de las mismas características que las criptomonedas anteriores, lucharon por implementar.

Cardano utiliza una modificación del algoritmo de consenso de prueba de participación llamado Ouroboros, que hace que la red sea extremadamente escalable. Al mismo tiempo, Ethereum solo está planeando la transición de la prueba de trabajo a la prueba de participación más rápida y con mayor eficiencia energética. En este sentido y sin ninguna discusión, ADA ya está muy por delante de Ethereum.

Otro factor que juega un papel en la competencia o diferencias de Ethereum frente a Cardano es la cohesión de su equipo de trabajo. ADA es un proyecto comercial y todos los programadores e investigadores del equipo reciben un salario. La comunidad de desarrolladores de Ethereum es una mezcla de equipos en su mayoría no remunerados que discuten entre sí y presentan ideas contrapuestas constantemente.

Las tarifas de la red ADA son generalmente más bajas que las de la cadena de bloques Ethereum, mientras que el tiempo de confirmación de la transacción es aproximadamente el mismo. Básicamente, la única ventaja real y palpable que tiene Ethereum sobre ADA es el factor de primer movimiento: Ethereum es mucho más popular, privilegio que tiene muy bien ganado por su aparición previa a Cardano, razón por la cual es mucho más conocida por la comunidad, que está más acostumbrada a ETH. Algunos entusiastas incluso se refieren y califican a Cardano como el "asesino de Ethereum", aunque probable y muy seguramente es algo exagerado.

Cardano se mantiene en marcha

Son varios los factores que influyen en el aumento continuo que ADA sigue registrando tras mantenerse en marcha constante. Veamos tres de ellos, considerados de gran valor, nivel e importancia.

- Actualización de Shelley: 29 de julio del año 2020. Esta bifurcación dura hace que ADA sea mucho más descentralizada y autónoma que Ethereum, pero también más escalable y energéticamente eficiente. En particular, los usuarios podrán delegar sus participaciones en ADA y formar grupos de participación. Actualmente ya hay más de 200 grupos en la red de prueba. Además, hay una dirección clara para las próximas dos actualizaciones. El primero es Gougen, que permitirá agregar contratos inteligentes y a su vez construir aplicaciones descentralizadas en Cardano; el segundo es Basho, el cual introducirá cadenas laterales para una escalabilidad aún mayor. Esta noticia refuerza los estados de ánimo, por sí; ya muy optimistas.

- La fuerte resistencia al campo. Según IntoTheBlock, la mayoría de las direcciones que posee ADA ahora están en dinero, lo que significa que fueron compradas muy por debajo de la tasa actual. Esto es lo que se muestra en diagramas, esquemas y gráficas que bien pueden ser apreciadas a través de la red. Por medio de estos recursos pueden apreciarse los movimientos de interés en el espectro cripto. Una dinámica general es la que resalta por el hecho de que quienes tienen el dinero no van a vender hasta esperar que el precio suba más, esto crea lo que llamamos: Resistencia al precio.

- Asociaciones de desarrollo. Existe una nueva colaboración con el protocolo de cadena de bloques Ergo: Esto permitirá a Cardano investigar monedas estables e incluso ofrecer servicios financieros descentralizados. Otro hito es unirse al consorcio Hyperledger, que incluye más de 250 Blockchain y empresas financieras.

COMO SE MENCIONÓ ANTERIORMENTE, el objetivo principal de la comunidad Ethereum es la transferencia al PoS, que permite a los usuarios recibir recompensas por apostar sus monedas y validar transacciones, a diferencia de la minería. Más del 50% de los propietarios de Ethereum afirman que quieren participar, por lo que la popularidad a largo plazo de Ethereum PoS parece asegurada.

La actualización, que se introducirá con PoS, estaba programada originalmente para julio de 2020, pero como es común con Ethereum, se ha pospuesto. Según Vitalik Buterin, debió haber sucedido en su momento, pero habrá que esperar. Sin embargo, el investigador de la Fundación Ethereum, Justin Drake, afirma que una fecha alrededor del 3 de enero del año 2022 es más realista, lo cual se vislumbra como posible.

Incluso si se lanzara la actualización de 2021, no será una panacea para los problemas de Ethereum. Es solo el primer paso en el camino hacia Ethereum 2.0 completo, una forma de probar el nuevo sistema de replanteo sin ninguna aplicación crítica que dependa de él.

Nadie sabe cuánto tiempo esperar para una transferencia completa a PoS en la red principal de Ethereum. Si las cosas siguen como están, con debates y retrasos interminables, habrá que ser pacientes durante al menos medio año más.

Los analistas técnicos son muy optimistas sobre Cardano en estos actuales momentos. Nik "Altcoin Trader" Patel, por ejemplo, cree que el precio puede subir hasta en un 55%, lo cual representa un interesante valor. La empresa de investigación Weiss Crypto Ratings es de la misma opinión: "ADA es actualmente uno de los gráficos de precios de aspecto más optimista de cualquier activo criptográfico importante. Se alcanzaron nuevos máximos en 2020 y este ha demostrado poder continuar así".

A juzgar por las frecuentes actualizaciones publicadas por el equipo, Cardano se apegará a su plan y lanzará las actualizaciones según lo programado, por lo que no debería haber sorpresas desagradables en términos de conceptos básicos. Este será un factor importante en la carrera que vemos entre Cardano y Ethereum.

En cuanto al curso de Ethereum, el sentimiento predominante es el de un optimista cauteloso. En el momento de escribir este artículo, su precio es de 3.218,20USD, yendo en franco ascenso, con posibilidad de alcanzar los 3.250,00USD. Sin embargo, Ethereum todavía sigue principalmente el movimiento de precios de Bitcoin, lo que no es muy emocionante en este momento. El reciente aplazamiento de la actualización de la fase 0 se suma a la incertidumbre.

Ante estas exposiciones, datos y referencias, incluso incertidumbres; es el consumidor o cliente final quien decide cuál moneda adquirir. Él determinará si será Cardano o Ethereum. En general, ADA parece estar más a favor de comprar en este momento, al menos para los inversores a corto y medio plazo. En este momento, finales de agosto del 2021, Cardano se ubica en 2.774,34USD, creciendo paulatinamente luego de una leve baja cuando estuvo bastante cerca de los 3.000,00USD.

Sin embargo, la verdadera decisión no se tomará hasta diciembre o enero, cuando Ethereum finalmente lance su actualización de fase 0 y finalmente verá cómo su sistema PoS prevalece contra el de Cardano, quien prepara su momento de éxito tras la futura activación de su fase 3 y la elaboración de Smart Contracts.

Los primeros lugares en el ranking criptográfico están muy bien identificados y posesionados por los más grandes del mercado. Bitcoin como el número 1 y Ethereum como el gran número 2. Ellas allí son indiscutibles poseedoras de un lugar que luce cerca de ser sustituido, pero detrás de ellos, viene luciendo serena y paciente dentro del mercado de activos criptográficos; una moneda que al parecer estaría llegando sin piedad a un segundo lugar. Y sí, hablamos de Cardano ADA; la cual viene cambiando muchos análisis dentro del sector y minuciosamente ha ido visualizando muy bien el blanco o el punto centro de la negociación.

Mientras estas líneas son escritas, la cara numérica de estas tres monedas es la siguiente:

- **Primera Posición: Bitcoin - BTC 48.739,67USD**
- **Segunda Posición: Ethereum - ETH 3.215,60USD**

- Tercera Posición: Cardano - ADA 2.76,60USD

EL MENSAJE ESTÁ lo suficientemente claro: el tiempo de la toma de decisiones para Bitcoin ya ha finalizado, ahora esas cadenas de bloques que quieren hacerlo mejor que Ethereum se están adelantando. Después de que Polkadot se abrió camino hasta el top 10 con el token DOT en los últimos meses, ha llegado entonces, el momento para Cardano; la cual, a través de ADA en particular, está captando y atrayendo la atención de la comunidad.

Pero, ¿qué hace a Cardano especial, además del rápido comercio con el token ADA? El proyecto blockchain se creó en torno a Charles Hoskinson, quien originalmente trabajó para Ethereum. Tiene la empresa Input Output Hong Kong IOHK, que trabaja junto con la Fundación Cardano y Emurgo de Japón en los fundamentos y modelos de negocio de Cardano. La gran diferencia con Ethereum sigue siendo que Cardano se ejecuta con el algoritmo de consenso interno Ouroboros en Proof of Stake (PoS) y, por lo tanto, es donde ETH 2.0 quiere ir.

Una diferencia notable de Cardano frente a Ethereum y Bitcoin: Más respeto con el medio ambiente

Proof of Stake, al menos así es como lo comercializa Cardano, ofrece numerosas ventajas. En comparación con Bitcoin o Ethereum, la cadena de bloques Cardano solo debería necesitar una fracción de la energía que necesitaría la Prueba de trabajo (minería). Y Las posibles transacciones por segundo son mucho más altas que con Ethereum, y como red PoS, es más fácil incentivar a los usuarios a participar en la red.

La prueba de participación responde a los desafíos de rendimiento y uso de energía de la prueba de trabajo y llega a una solución más sostenible. Es importante destacar que para el caso Cardano, la prueba de participación efectúa una efectiva elección de participantes en grupos de acción para dar origen a bloques nuevos, con cimiento o raíz en su controlada en la red. Todo ello a diferencia de tener que estar en manos de los conocidos mineros, encargados de dar solución a complejas ecuaciones computarizadas.

Esto permite que las redes escalen horizontalmente, aumentando el rendimiento mediante la incorporación de nodos adicionales, en lugar de verticalmente, mediante la adición de hardware más potente. La diferencia resultante en el uso de energía puede asimilarse a la que existe entre un hogar y un país pequeño. PoS se posiciona a escala para el mercado masivo; PoW no lo es.

Todo esto no es nada nuevo para los conocedores de Cardano, en este 2021 los años de preparativos para muchas aplicaciones nuevas ahora parecerán estar dando sus frutos. Por supuesto, el segundo bombo de Bitcoin también arrasa con ADA, pero también hay una base que hace que él token y la cadena de bloques asociada sean atractivos a diferencia de otros proyectos.

Oportunidades novedosas para la comunidad

La empresa IOHK de Hoskinson ha entregado el control completo de la producción de bloques a la comunidad, utilizando el algoritmo de prueba de participación para escribir los bloques de la cadena ellos mismos y ser recompensados a la vuelta. Además, una actualización pronto debería permitir a los usuarios crear sus propios tokens, que luego funcionan como ADA y la cadena de bloques Cardano. Estos son los conceptos básicos para atraer a muchos más usuarios nuevos a Cardano, la cripto científica.

Muchos de estos nuevos usuarios podrían provenir de África. En una entrevista, Hoskinson indicó que se podría ganar un gobierno como cliente en el continente africano. Con Atala PRISM, que ciertamente no es el nombre de producto óptimo, la empresa de Hoskinson, IOHK, tiene una aplicación Cardano para implementar identidades digitales. En el contexto de las autoridades públicas, es concebible que Blockchain se utilice para hacer que las identificaciones digitales sean únicas e inalterables.

Otro posible caso de uso lo representan las monedas digitales del banco central (CBDC). Elliot Hill de la Fundación Cardano puso en juego el proyecto mediante un artículo sobre las monedas digitales del banco central. Si estados o bloques de poder como China o la UE están trabajando en CBDC, es factible y manejable la opción de hacer que la cadena de bloques de Cardano se convierta también una base técnica para proyectos de otras magnitudes de interés nacional.

Cardano ya está y se encuentra en línea con la tendencia, cada vez más posicionada en el área de "Finanzas Descentralizadas" (DeFi). Mediante los contratos inteligentes, una actualización permite aplicaciones financieras descentralizadas, por ejemplo, en el área de préstamos. En el área de DeFi, proyectos mucho más pequeños como Chainlink, Aave o Uniswap se han hecho un nombre, pero los directivos de Cardano también ven mucho potencial aquí y no dejarán el campo a otros sin luchar o trabajar por ello.

Frederik Gregaard, director ejecutivo de la Fundación Cardano, se involucró en el debate sobre el rediseño del sistema financiero después de la historia de GameStop-Reddit-Robinhood y, como era de esperarse; defendió las tecnologías de contabilidad distribuida. En la dirección del sector financiero, Frederik afirma que es ahora cuando se sabe que el problema real que obligó a Robinhood a establecer requisitos de margen más altos en ciertas posiciones fue la intensidad de la actividad comercial. Esta fue una situación que sobrecargó la capacidad de múltiples actores en a través de su proceso de compra, venta y liquidación. A su vez, esto dio lugar a una acumulación de solicitudes de liquidación y posteriores problemas de liquidez para las cámaras de compensación.

Con una infraestructura de cadena de bloques de código abierto, como Cardano, cualquier usuario es libre de explorar el código y desarrollar soluciones a implementar en la cadena de bloques del proyecto. Este es solo un caso de uso potencial en el que la Fundación Cardano cree que se puede ayudar a innovar, y dar la bienvenida a los agentes de cambio a su ecosistema y que lo deseen impulsar.

Frente a este interesante desarrollo de procesos, cambios y actualizaciones que se dan y presentan como dinámica diaria en el entorno digital, y mientras que muchos otros proyectos del mercado de criptomonedas en general se ha tomado un cierto respiro, ADA de Cardano extendió un impresionante repunte, aumentando su valor y acrecentando su volumen de operaciones en el token, convirtiéndose y manteniéndose hasta la fecha como la tercera criptomoneda más grande e importante del mundo, aumentó que se ha dado en medio de la anticipación de una próxima actualización de software que podría ayudar al token a competir tranquilamente con Ethereum.

La ADA de Cardano continúa dando saltos agigantados creciendo en importantes porcentajes de hasta un 14% en solo cuestión de minutos, pasando a un precio de 2.74 USD desde un punto de 2.73 USD, según el sitio web de datos criptográficos CoinMarketCap, elevando su capitalización de mercado por encima de los 88.000 millones de USD.

Reflejando el fervor de sus inversores, son miles los millones de dólares americanos en tokens ADA que se intercambian generalmente los días jueves en menos de 24 horas, una exhibición lo suficientemente alta para trámites de un mismo día. El token ha estado en un aumento constante este mes, subiendo considerablemente desde el año 2020, cuando el mismo fundador de Cardano, Charles Hoskinson, se burló de una actualización de la red en septiembre, llamada Alonzo, que permitirá que la cadena de bloques de Cardano procese contratos inteligentes, acuerdos de ejecución automática entre compradores y vendedores una acción capaz de brindarle a Ethereum la potestad de llevar control frente a la creciente producción mercantil descentralizada y libre de dependencias gubernamentales y financieras de $100 mil millones de dólares.

Ethereum ha sido impulsado a altos niveles en tan solo tres meses durante las últimas semanas, todo ello; frente a las expectativas de la actualización y modificación de software. Sin embargo, la más reciente red de Cardano, en continuidad de amparo y protección, se ha permitido captar la atención de personajes suspicaces, como es el caso del multimillonario Mike Novogratz, ex administrador de fondos para cobertura.

Novogratz, fanático y seguidor tenaz de Bitcoin, luego de ver como ADA se convertía en la tercera criptomoneda más importante del mundo, expresó a través de su oficial en Twitter, que el aumento del token representaba un misterio para su persona, sugiriendo que su Plataforma se enfrentaba a una gran lucha por alcanzar un terreno deseado entre desarrolladores de software, creadores de los programas precisos para la toma de una nueva moneda digital.

Hoskinson, quien también co-fundó Ethereum, devolvió el golpe a Novogratz, respondiendo a un tweet que promocionaba que Cardano requiere menos energía que Ethereum para procesar transacciones y burlándose de los antecedentes de Novogratz en el espectro bancario tradicional.

Antecedentes clave

El token ADA de Cardano alcanzó interesantes niveles de alza el pasado mes de mayo, luego que el reconocido y destacado multimillonario Elon Musk, tomará una actitud adversa frente a Bitcoin, aseverando que no volvería a recibir Bitcoin, motivado al fuerte impacto ambiental en negativo generado por la minería de dicha criptomoneda; a causa de sus inmensas cantidades de consumo eléctrico utilizado en su proceso de obtener nuevas monedas. El sistema criptográfico sufrió un desplome del cual aún aguarda recuperarse, caso contrario para ADA; que tuvo ocasión de subir a mayores niveles de valor mientras más y más inversores se hacían presentes en la adquisición masiva de tokens más en sintonía con el entorno natural. Charles Hoskinson, da por sentado, garantizado y comprobado que Cardano solo consume un promedio de tan solo 6 gigavatios de energía por cada hora de energía anual, sin llegar al 0.01% de los 115.85 Tera vatios que por cada hora son utilizados en el proceso Bitcoin.

El token se desplomó casi un 60% a medida que el mercado en general colapsó este verano, pero desde entonces ha comenzado a superar a Bitcoin y Ether.

Existe un hecho sorprendente, y es el caso de que ADA se haya disparado 1,300% solo este año, lo que la convierte en la criptomoneda de las cinco principales con mejor rendimiento en comparación con los rendimientos de 1,030% para Binance Coin, 330% para Ether y 59% para Bitcoin. Sin embargo, el token también es muy susceptible a la volatilidad masiva del mercado criptográfico más amplio. A inicios del año 2018 y en poco menos de ocho semanas, ADA sufrió una caída impactante de casi 90%, para un momento en el que las regulaciones que reprimían al mercado cripto presenciaban un escenario con inicios de mercado con tendencia a la baja por años, para incipiente manufactura criptográfica.

En medio del rally nocturno de Cardano, el mercado de criptomonedas en general subió menos del 4% y flotó alrededor de un valor total de $2 billones. El mercado se disparó por encima de los 2,5 billones de dólares en mayo, pero se desplomó en medio de las preocupaciones sobre las regulaciones que prohíben la minería de criptomonedas en China.

Cuando hablamos de diferencias, no solo nos queremos referir a aquello que tiene cada moneda en sí, propiamente dicha o que valor tope o crítico ha alcanzado y hasta experimentado en su existencia. También buscamos dar con aquellas características inherentes en cada token que de alguna u otra manera redunden en un beneficio a favor del usuario, minero, desarrollador, consumidor y ecosistema en general.

Es decir, en qué o cuáles aspectos quién utiliza la red y consume la moneda, ve su vida mejorada con el desempeño de una actividad globalmente beneficiosa. En esto se llega hasta a ciertos aspectos subjetivos del individuo, que como Elon Musk; ven con preocupación los altos niveles de consumo de energía que son necesarios para la ejecución y activación de la minería, básicamente con Bitcoin.

Personajes tan influyentes como Musk, han sido capaces de disparar el valor de una criptomoneda por su alto grado de satisfacción global e incursión en su mercado de negociaciones, pero también, y según esté constituido y estructurado su marco operativo, puede declarar que declina en su uso y consumo por afectaciones ambientales o insatisfacciones que repercuten en un desarrollo no saludable para la vida, la que al final requiere nuestras mejores actitudes y creatividad para construir un mundo lleno de muy buenas oportunidades para todos por igual.

Concluye desde tu óptica, cuáles serían las verdaderas diferencias realmente consideras relevantes entre estas dos grandes monedas virtuales: **Cardano ADA y Ethereum.**

3

INVIRTIENDO EN CARDANO (ADA) PARA MAXIMIZAR TUS GANANCIAS

Cardano es un proyecto prometedor con una buena cantidad de riesgos relativos a lo que se refiere la mayoría de las criptomonedas. Como ya muy bien lo sabes, se trata de una criptomoneda que rápidamente ganó fuerza después de su lanzamiento el 27 de septiembre del año 2017.

Desde entonces, el token ha generado un impresionante 7.080% a los inversores, superando ampliamente el rango de Bitcoin, el cual aumento en 910% durante el mismo período. Como resultado, Cardano se encuentra entre las 10 criptomonedas más valiosas y hoy día en la tercera posición, con un valor de mercado completamente diluido de aproximadamente 88 mil millones de USD.

Pero el token no está exento de controversia. De hecho, la idea detrás de Cardano ha polarizado a los miembros de la comunidad de criptomonedas.

Los tokens ADA de Cardano llevan el nombre de Augusta "ADA" King, una condesa británica del siglo XIX conocida por su trabajo en un motor de cálculo teórico. Es ampliamente considerada como la primera programadora de computadoras.

El token se lanzó bajo la supervisión de Charles Hoskinson, cofundador de Ethereum. Hoskinson se separó de su compañero cofundador Vitalik Buterin después de que este último quisiera que Ethereum siguiera siendo un proyecto sin fines de lucro. Hoskinson, sin embargo, quería aceptar proyectos de riesgo para promover Ethereum. Así, nació Cardano y sigue siendo desarrollado por la Fundación Cardano con fines de lucro.

Cardano es la primera criptomoneda basada en una red de prueba de participación (PoS) en lugar de prueba de trabajo (PoW). En las redes PoW como Bitcoin, los mineros son responsables de validar las transacciones en el libro mayor público de Blockchain resolviendo complejos acertijos algorítmicos a través de unidades de procesamiento de gráficos (GPU). Sin embargo, la dificultad de la minería aumenta exponencialmente con el tiempo, por lo que los mineros necesitan comprar GPU más avanzadas a medida que pasa el tiempo, consumiendo más electricidad.

Cualquiera que tuviera unidades de procesamiento central (CPU) multi-núcleo podía extraer Bitcoin a razón de aproximadamente unos 50 por bloque en los primeros días, lo que vale alrededor de 2 millones USD en la actualidad. Ahora, sin embargo; necesitaría un procesador que sea 2.2 mil millones de veces más poderoso para mantenerse al día con la dificultad de la minería.

Todo esto tiene graves implicaciones medioambientales. Actualmente, una transacción de Bitcoin utiliza tanto poder como aproximadamente 1,2 millones de transacciones de Visa (NYSE:V). A este ritmo y para finales de siglo, el consumo de energía de Bitcoin podría superar fácilmente toda la producción de energía en el mundo, solo en minería de BTC.

No se supone que esto sea un problema con el sistema PoS de Cardano. En esta configuración, aquellos que poseen el token, conocidos como partes interesadas, validan las transacciones en lugar de los mineros. Las grandes partes interesadas pueden ganar un "interés" del 6,59% anual mediante la gestión de un grupo de interés.

Aquellos con apuestas más pequeñas también pueden delegar sus tokens de Cardano a un grupo de participación, obteniendo aproximadamente el mismo rendimiento bruto antes de una comisión del 3,91%. Pero teniendo en cuenta que hay 32,9 mil millones de tokens Cardano en circulación de un total de 45 mil millones. Entonces, el rendimiento ajustado por inflación es menor al 2%.

Los inversores pueden obtener ingresos pasivos por participación y ganancias de capital por la apreciación de precios. Al mismo tiempo, la red probablemente usa tanta energía como una ciudad de unos pocos miles de personas en comparación con Bitcoin, que consume el equivalente a todo el suministro de energía para un país con un promedio de 20 millones de habitantes.

El token se está volviendo cada vez más innovador. Para el año 2020, la Fundación Cardano lanzó la fragmentación de los tokens, lo que permite la partición de la red en nodos locales, partes interesadas. Esto permite tiempos de procesamiento más rápidos de 1,000 transacciones por segundo por nodo o 1 millón de transacciones por segundo para toda la red. Para finales de año, Hoskinson planea integrar la funcionalidad de contrato inteligente, lo que permitirá a Cardano igualar la utilidad de Ethereum.

Una posible realidad inestable está en la red PoS, la cual podría crear dificultades al mismo tiempo que las resuelve. La configuración otorga a las cripto ballenas, inversores de alto patrimonio neto, una cantidad desproporcionada de poder en la cadena de bloques. Una ballena no puede interrumpir una red PoW a menos que también controle el 51% de la potencia informática de la cadena de bloques para realizar un ataque hash.

Sin embargo, la misma ballena podría lanzar fácilmente un vector de ataque contra una red PoS simplemente controlando el 51% del suministro pendiente. Hasta ahora, Cardano no ha sucumbido a la consolidación. Más de 2.656 piscinas mineras controlan el 71% de su suministro total.

El mayor problema que enfrenta Cardano es la falta de adopción. En este momento, son principalmente las empresas emergentes las que utilizan la tecnología, aunque tiene algunos socios importantes como Price waterhouse Coopers y Wolfram Alpha, un motor que resuelve problemas matemáticos complejos, especialmente popular en la universidad. Tampoco ha logrado atraer mucha atención de los gobiernos, aparte de países pequeños como Georgia.

Con su fuerte capitalización de mercado, los inversores están claramente valorando la posibilidad de una implementación de contratos inteligentes que conduzca a una mayor adopción de la red. Por supuesto, eso podría ser posible. Pero hasta que eso suceda, calificaría a Cardano cómo adecuado solo para inversores especulativos.

Si necesitas invertir, también necesitas conocer dónde y cómo lo harás. Cardano es una plataforma totalmente pública, de desarrollo de Blockchain y Dapp de tercera generación. Cardano, como plataforma criptográfica mereció captar una destacada atención a través de diversos medios y canales a nivel mundial, siendo categorizada como la primera Blockchain que inserta una valiosa pericia investigativa por el chequeo de pares en sus fundamentos iniciales básicos. Actualmente, ADA es reconocida y está establecida como una de las principales monedas digitales del mundo, en tercera posición, luego de Ethereum.

Suele ser recurrente y bastante regular que tanto reconocidos analistas, como grandes inversores; hagan referencia a Cardano como una moneda digital de tercera generación. Puntualmente, Bitcoin; como moneda de primera generación, tuvo la capacidad de insertar en la red, de forma global; un sistema o método de dinero descentralizado con seguridad y confianza.

Las criptomonedas de tercera generación, como ADA, utilizan nuevos desarrollos, como la arquitectura en capas, para mejorar la escalabilidad, la seguridad y la sostenibilidad. De esta manera, crean más utilidad, abordan fallas y rectifican ineficiencias.

Por qué es importante Cardano (ADA)

Cardano es una criptomoneda muy importante dada su diferencia con respecto a la competencia en muchos y muy variados aspectos, de los cuales hemos visto los más relevantes. En contraste con sus homólogas, Cardano depende en gran medida del sector académico. El diseño de la plataforma se construyó desde cero utilizando métodos asentados en evidencia y basados en la filosofía científica, la teoría académica y finalizado a través de una investigación revisada por pares.

Recuerda, el nombre Cardano proviene del famoso erudito y médico italiano, Girolamo Cardano. Cardano cambió el mundo después de desarrollar los primeros cálculos sistemáticos de probabilidades. Su legado sigue vivo y latente hoy por hoy.

Una gran gama de objetivos destacados a favor del Proyecto Cardano, está en manos de sus desarrolladores. Se tata de valioso y muy bien capacitado equipo que se ha dedicado en lograr dar con el rescate de la familiaridad y confianza en los procedimientos mercantiles y económicos globales, mediante la incorporación de las tecnologías propias de Cardano. Muy puntualmente, esta Plataforma cuenta con la facultad de brindar una manera y estructura mucho más segura, confiable, verosímil y clara para la ejecución de trámites y negociaciones a todo nivel geográfico.

Sumado a ello, cabe destacar que los desarrolladores de Cardano, indagan en lo profundo para ofrecer a toda la comunidad crypto, accesibilidad financiera libre de ataduras a entes gubernamentales, privados, banca tradicional o monitoreada por terceros. Las estadísticas actuales no son nada alentadoras, cuando ubican a la masa demográfica no bancarizada en cifras superiores a 1.700 millones de personas hoy día.

Fundamentado en lo anterior, existe un proyecto económico puesto en marcha para la región africana y varias zonas del mundo, ya en claro desarrollo; por parte de Cardano.

Una intención de relevancia y gran impacto socioeconómico y cultural.

El tercer objetivo de Cardano es ayudar a estabilizar el sector Dapp. La plataforma se centra en la seguridad y la sostenibilidad enfocada específicamente a las aplicaciones, los sistemas y las sociedades descentralizados. Hablando sobre sus objetivos, los desarrolladores de Cardano declararon que tienen la intención de proporcionar un ecosistema más equilibrado y llevadero que responda mejor a las necesidades de sus usuarios, así como a otros sistemas que buscan la integración.

Siendo reconocida y destacando como moneda digital de tercera generación, Cardano suma grandes esfuerzos para hacerle frente a ciertos y determinados conflictos, que por lo demás suelen ser bastante recurrentes, que hacen fuerza ante la incorporación de Blockchain a escalas en mayor proporción. Estos problemas cubren la táctica de cadena de bloques, incluidos temas como escalabilidad, interoperabilidad y sostenibilidad. Estas situaciones conflictivas, tienden a ser controladas y sometidas por Cardano, mediante sus programas de desarrollo con principios de planificación y estrategias con satisfactorias respuestas en su ingeniería.

Escalabilidad

Recién dando sus primeros pasos en el ecosistema criptográfico, Cardano contaba con la limitada capacidad de procesar tan solo, un máximo de 10 transacciones cada segundo (tps). A pesar de, Hoskinson hizo pública una declaración, dejando claro y siendo explicito en lo que significaría el novedoso procedimiento de escalado a favor de la red: Hydra.

Hydra es una solución de escalado de Capa 2 que utiliza canales estatales para procesar transacciones fuera de la cadena. Con esta tecnología, Cardano puede procesar más de un millón de transacciones por segundo.

Interoperabilidad

En los actuales momentos, y revisando la red; podemos comprobar la convivencia de miles de monedas digitales disponibles globalmente, cada cual aspectos muy particulares y lo suficientemente propios, con grandes bondades y ecosistema particular. Vemos como ante esta creciente demanda, Cardano hace todo cuanto esté a su alcance para incorporar al mercado, ciertos estándares que le faciliten la interoperabilidad entre las redes habilitadas y en actividad. Estos sistemas incluyen modelos de gobernanza de Blockchain, protocolos de actualización del sistema y conjuntos de funciones.

Seguridad

Permitir la interoperabilidad de Blockchain introduce un nuevo conjunto de riesgos que los desarrolladores deben abordar. Estas preocupaciones de seguridad son un área en la que Cardano planea reinar. Actualmente, la plataforma tiene estándares para administrar la privacidad, la seguridad y la descentralización.

Ouroboros

Ouroboros es un componente de consenso que fue puesto en marcha y activado por Cardano como importante novedad. La formalidad que constituye a Ouroboros es del tipo PoS, concebido en cadena. Se fundamenta en guías o cabecillas seleccionados de forma aleatoria para así poder certificar bloques. Del mismo modo que lo hacen la gran mayoría de las Blockchains existentes, el nodo anexado al bloque contiguo es incentivado con un galardón o recompensa, como se le conoce comúnmente. Todo ello por sus méritos a los esfuerzos desplegados.

En cada inicio de temporada o período, el sistema tiende a elegir líderes de equipo de las áreas de importancia. Las épocas funcionan como una instantánea de la cadena de bloques de una fecha anterior. Debe contar, fundamentalmente en sus inicios con su propio bloque sólidamente estructurado y de grandes bases en su cadena de transacciones. Es imperativo contar con una hondonada apropiada, lo cual será de utilidad para así convalidar la seguridad plena de la red y encontrarse lejos de ser víctima de transformaciones invasoras en la cadena.

Los tecnicismos de este sistema son impresionantes. Se tiende a elegir líderes de grupo, conforme al despliegue de acción fija y de una semilla al azar. Un procedimiento de cálculos de partes múltiples (MPC), es utilizado por dicha semilla, entre las partes de interés, que forman o conjugan la época precedente de generación aleatoria. Quienes aspiren a ser elegidos, tienen toda posibilidad de optimizar sus facultades para ser seleccionados conforme a la cantidad de ADA puestos en juego o apuesta. En consecuencia, Cardano presenta el primer protocolo de prueba de participación demostrablemente seguro.

Historia de Cardano (ADA)

Cardano ingresó al mercado en septiembre de 2017. Dos destacados personajes, que cumplieron la misión de fundar el proyecto fueron, Jeremy Wood y Charles Hoskinson, quienes venían de hacer filas a favor de Ethereum. Pese a ello, el staff decidió abandonar Ethereum, haciendo hincapié en relevantes disconformidades en los objetivos.

De manera prácticamente instantánea, Cardano se benefició con una persecución positiva dentro del espectro criptográfico; gracias a sus destacadas novedades en todo aquello que hacía referencia a todo lo relacionado e inherente a lenguaje y esbozo de aparatos virtuales. Todo cuanto sumaba, se dio en clara y directa respuesta a dificultades que se hallaban en la red de Ethereum, contra la cual hubo serias discrepancias. La plataforma logro diferenciarse de la competencia y comenzó a colaborar con profesores de universidades prestigiosas de todo el mundo para incorporar la investigación académica en su diseño.

Para recaudar fondos se realizó una ICO. La plataforma obtuvo aproximadamente 62 millones USD de una audiencia global de inversores. Los fondos se destinaron a la expansión del ecosistema ADA.

El 29 de septiembre del año 2017, Cardano lanzó su primera aplicación en la red principal. Así fue cómo se estableció el inicio de un recorrido lleno de logros para quienes ya formaban parte y constituían el equipo. Ya para el año 2018, Cardano veía claramente garantizadas una gran diversidad de asociaciones y múltiples sociedades del más alta y relevante nivel, como por ejemplo en los sectores académicos y FinTech.

Para 2019, la organización Huobi; ya incluía a ADA. Mientras Huobi, se consolidada como la bolsa más grande del Gigante Asiático, la cual debió trasladarse, como consecuencia de la presión regulatoria. Todo ello, al poco tiempo de haber formado parte, del intercambio de mayor impacto a nivel mundial. Por su parte Binance también incorporó a ADA dentro de su plataforma. Estas situaciones de importancia, le dieron a ADA el impulso y crecimiento más esperado de precios, valor y reconocimiento. Lo elevaron a nuevas y grandes altitudes dentro de la red.

Los tokens de ADA reciben su nombre de la matemática del siglo XIX, ADA Lovelace. Lovelace fue la primera persona en programadora de computadoras en el mundo. Actualmente, hay más de 32,143,026,588 ADA en circulación. En total, Cardano emitirá 45.000.000.000 de ADA durante su vida útil.

Equipo Cardano

Cardano utiliza un equipo descentralizado de desarrolladores. Estos desarrolladores trabajan en tres entidades independientes. Es importante destacar que utilizan estándares establecidos para garantizar la interoperabilidad dentro del ecosistema. Cada equipo brinda su propio apoyo al proyecto.

Fundación Cardano

La Fundación Cardano es la entidad sin ánimo de lucro detrás de la plataforma. Esta base protege la tecnología del protocolo y asegura su funcionalidad. Además, promueven la estandarización en el sector para una mayor interoperabilidad.

Input Output Hong Kong – IOHK

IOHK es una empresa de ciencia e ingeniería que desarrolla tecnologías detrás de la red. También diseñan y mantienen estos protocolos a través de un enfoque doble. Primero, el grupo investiga los fundamentos de las criptomonedas para descubrir las preocupaciones centrales. Estos problemas incluyen discusiones teóricas sobre cuáles son los mejores algoritmos de consenso y protocolos de privacidad.

Luego, el lado de ingeniería del equipo comienza el proceso de desarrollo. Para lograr esta tarea, el equipo incorpora metodologías formales de manera única. Esta estrategia le da a Cardano una capa adicional de aprobación.

Emurgo

La última pieza del rompecabezas de ADA es la incubadora japonesa Emurgo. Este equipo se centra en empresas comerciales y en cómo avanzar en el uso de la tecnología Blockchain en todas las industrias.

Gobernancia

El sistema de gobierno utilizado en Cardano es similar a Ethereum. La red cuenta con una organización autónoma descentralizada (DAO) para aprobar nuevas iniciativas. Los DAO son ideales para tomar decisiones sobre el futuro de las criptomonedas porque ayudan a prevenir las divisiones de la comunidad.

Controversia Cardano

A pesar de su gran dependencia de los académicos, todavía hay algunos en la industria que señalaron problemas potenciales con la red. Específicamente, el investigador de PoS de Ethereum, Vlad Zamfir, sostiene que la votación en cadena es peligrosa. Señala que el sistema fuerza cambios de reglas en nodos completos. Esta estrategia elimina un importante control y equilibrio proporcionado por los operadores de nodos informados.

Cardano - La cadena de bloques académica

Dada su enorme red de seguidores y en crecimiento, es seguro decir que Cardano seguirá siendo un elemento básico en el sector de Blockchain durante años. Su enfoque único y sus avances técnicos seguramente seguirán siendo un tema candente dentro del sector a medida que avanza el desarrollo. Por ahora, ADA se mantiene entre las 15 principales criptomonedas del mundo. Y recuerda, es la tercera moneda más importante.

¿Dónde comprar Cardano y qué Wallets soportan esta criptomoneda?

Una vez que sepas cómo hacerlo, podrás descubrir que comprar Cardano es un proceso rápido, seguro y fácil.

Cardano es una opción popular entre los inversores en criptografía que buscan proyectos con un fuerte potencial a largo plazo. Para este momento Cardano se encuentra en una posición privilegiada dentro del ranking cripto, es la tercera moneda digital más grande por capitalización de mercado. A diferencia de los líderes del mercado Bitcoin y Ethereum, Cardano no requiere mucha energía, lo que la convierte en una criptografía respetuosa del medio ambiente.

Veamos qué necesitamos para dirigirnos al lugar y proceso adecuado para comprar Cardano.

Encuentra un exchange que venda Cardano

Comienza seleccionando un intercambio de cifrado donde puedas comprar Cardano. Debido a que Cardano es una de las monedas más grandes, muchos de los mejores intercambios de criptomonedas la mencionan. Estos son algunos de los intercambios de cifrado y plataformas de inversión más populares a través de las cuales puedes comprar Cardano:

- Coinbase
- Binance
- Kraken
- eToro
- SoFi
- Easy Crypto

Las dos principales condiciones más importantes que debes buscar en un intercambio de cifrado son la seguridad y las tarifas razonables, que ofrezcan todas estas plataformas.

Para los principiantes, Coinbase es una gran opción debido a su facilidad de uso. No se requiere de mucho tiempo aprender a comercializar con criptomonedas usando Coinbase, la cual también brinda mucho contenido de carácter educativo a sus usuarios.

Binance:

La mejor opción para Australia, Canadá, Singapur, Reino Unido y la mayor parte del mundo. Los residentes de EE. UU. Tienen prohibido muchos de los tokens en esta plataforma. **Puedes comenzar y registrarte aquí y obtén un descuento en todas tus transacciones:**

KRAKEN:

Este intercambio es la mejor opción para los residentes de los Estados Unidos.

ETORO:

Con sus oficinas operativas ubicadas Gran Bretaña, Israel y Chipre, se trata de un bróker con dedicación y especialización en Social Trading, por medio del cual se pueden operar diversidad de instrumentos es un bróker especializado en social trading, que opera múltiples instrumentos financieros, entre los que cabe mencionar: acciones, divisas y criptomonedas entre otros.

SoFI:

Compañía norteamericana de intercambios, que opera como un servicio móvil de finanzas personales, establecido en San Francisco. SoFi ofrece un variado menú de productos financieros que incluye refinanciamiento de préstamos estudiantiles, hipotecas, préstamos personales, tarjetas de crédito, inversiones y operaciones bancarias a través de su aplicación móvil y sus interfaces de escritorio.

EASY CRYPTO:

Un fabuloso intercambio regulado es el mejor para Australia, Nueva Zelanda y Sudáfrica

Regístrate para obtener una cuenta

Necesitas una cuenta en el intercambio que has elegido para comprar criptomonedas. El proceso de registro depende del intercambio, pero en la mayoría encontrarás un botón que indica "Comenzar", "Registrarse" o "Registrar".

Los intercambios suelen solicitar la siguiente información para abrir una cuenta:

- Nombres completos
- Dirección de correo electrónico
- Número de teléfono

El intercambio puede requerir que configures la autenticación de dos pasos. Con esta función, debes pasar por dos capas de seguridad al iniciar sesión en tu cuenta. Por ejemplo, en lugar de simplemente ingresar tu contraseña, también necesitarás ingresar un código que el intercambio envía a tu dirección de correo electrónico o número de teléfono.

Incluso si no se requiere autenticación de dos factores, vale la pena configurarla en tu cuenta para una mayor protección.

Verifica tu identidad (KYC)

Una vez que hayas creado tu cuenta, es hora de verificar tu identidad. Los intercambios de criptomonedas deben hacer esto con sus clientes para confirmar sus identidades y prevenir actividades ilegales, como el lavado de dinero.

Una vez más, el proceso exacto depende del intercambio, para ello debes estar preparado para suministrar la siguiente información:

- Fecha de tu cumpleaños.
- Número de seguridad social.
- Dirección física.
- Escaneo de una identificación válida, como tu licencia de conducir o tu pasaporte.

Planificando tu estrategia de inversión para asegurar ganancias (ROI)

El mejor enfoque con las criptomonedas es tratarlas como una inversión a largo plazo. Y si lo vas a tratar como tal, una inversión; es de gran utilidad tener una estrategia definida. Puedes planificar tu inversión en criptomonedas respondiendo a las siguientes preguntas, por ejemplo:

- **¿Con qué frecuencia comprarás Cardano?** Algunas personas hacen una gran compra y esperan a ver qué sucede. Otros compran de forma regular, como cada dos semanas o cada mes.
- **¿Cuánto vas a invertir?** Esto dependerá de tu tolerancia al riesgo y de la frecuencia con la que planeas comprar más. Si vas a comprar Cardano con frecuencia, es probable que no desees comprar una gran cantidad en tu primer intento.
- **¿Cuándo planeas vender tu Cardano?** Puedes ir con un período de tiempo como mantener tu Cardano durante al menos cinco años, un precio objetivo o una combinación de los dos.

Aquí hay **un ejemplo de una estrategia de inversión:**

Mi plan es comprar 250USD en Cardano cada mes. Lo conservaré durante al menos cinco años, pero si el precio se triplica antes de esa fecha, retiraré mi inversión original para asegurarme de no perder dinero.

Esa es solo una opción, y tu estrategia puede ser tan simple o compleja como desees. Al tener un plan establecido, no es necesario que te preguntes qué hacer cada vez que el precio de Cardano suba y baje.

Haz tu compra de Cardano

Verifica qué métodos de pago acepta el intercambio de cifrado que has seleccionado y las tarifas de cada uno. Estos son los métodos de pago más habituales con los cuales te encontrarás:

- Transferencia bancaria
- Tarjeta de débito
- Tarjeta de Crédito
- PayPal

La mayoría de los principales intercambios te permiten depositar efectivo desde una cuenta bancaria sin cargo. Aún pagas tarifas de transacción al comprar criptomonedas, pero termina siendo más barato que otros métodos de pago. Con tarjetas de débito, tarjetas de crédito y PayPal, pagas más en tarifas en tu compra de criptomonedas. Solo ten en cuenta que el proceso de transferencia desde una cuenta bancaria puede demorar algunos días hábiles.

Una vez que tengas los fondos en tu cuenta de cambio, elige la cantidad de dinero que deseas gastar en Cardano. El intercambio te mostrará una vista previa de la transacción con las tarifas y la cantidad de Cardano que recibirás. Si te parece correcto y estás de acuerdo, confirma tu nueva compra.

Después de hacer esto, el Cardano que compraste debería estar disponible en tu cuenta solo en unos cuantos segundos. Lo último que debes considerar es mover tu Cardano a una billetera criptográfica. Dado que las carteras cripto brindan más seguridad, son una forma popular para que los inversores protejan sus monedas.

Compra y vende criptomonedas en un intercambio elegido por expertos

Lo sabes, existen cientos de plataformas en todo el mundo que están esperando para darte acceso a miles de criptomonedas. Y para encontrar la que más te convenga, deberás decidir qué funciones son las más importantes para ti, y las que mejor cubran tus expectativas.

Cómo almacenar Cardano (ADA)

Las tres formas más populares de almacenar sus ADA son en una billetera de escritorio, una aplicación móvil o una billetera de hardware. Cada una de estas estrategias tiene sus propias características. Puedes encontrar que una no se ajuste a todas tus necesidades. En este caso, utiliza una combinación de los tres.

Una excelente alternativa para todos quienes recientemente ingresan al entorno criptográfico, está representada en un wallet móvil. Se trata de un recurso de segura descarga, además de ser gratuita, de sencilla configuración y paralelamente muy segura. Por tal motivo, quienes comienzan a invertir en criptomonedas, lo deberían hacer dando este paso. Aquellos usuarios de más experiencia, se inclinarán por un cliente de escritorio; por la seguridad que esto les brinda.

Cualquiera que busque hacer una gran inversión en ADA debería considerar comprar una billetera de hardware. Las carteras de hardware son más seguras que las carteras móviles porque mantienen su criptografía almacenada de forma segura fuera de línea en un almacenamiento en frío. El Ledger Nano S o el Ledger Nano X más avanzado son compatibles con este Cardano.

Cardano es una innovadora plataforma Blockchain que proporciona seguridad y sostenibilidad sólidas para el desarrollo, los sistemas y las sociedades de aplicaciones descentralizadas (DApps). Esta plataforma con un libro mayor de activos múltiples y contratos inteligentes verificables ayuda a ejecutar las aplicaciones financieras utilizadas por individuos e instituciones en todo el mundo.

ADA es el token nativo de Cardano, que se puede utilizar como un intercambio de valor seguro. Los usuarios pueden almacenar su Cardano (ADA) en carteras seguras para delegar en un grupo de participación y obtener recompensas.

A continuación, te mostraremos mayores detalles en una interesante lista cuidadosamente seleccionada de las mejores carteras a favor de Cardano con funciones populares y enlaces a sitios web. La lista contiene software de código abierto gratuito y comercial pago.

BINANCE

Una de las mejores plataformas para crear una billetera Cardano que ofrece una plataforma para operar con más de 150 criptomonedas. Proporciona una API que te ayuda a integrar tu aplicación comercial actual. **Puedes comenzar y registrarte aquí:**

CARACTERÍSTICAS:

- Esta aplicación ofrece una amplia gama de herramientas para operar en línea.
- Es una de las carteras de Cardano más seguras que brinda soporte 24 horas al día, 7 días a la semana.

- Esta plataforma es compatible con clientes web, iOS, Android y PC.
- Binance ofrece interfaces de intercambio básicas y avanzadas para el comercio.
- Tiene un volumen de negociación diario promedio de 1.200 millones con más de 1.400.000 transacciones por segundo.
- Monedas admitidas: BTC, BCH, LTC, ETH y Cardano.
- Compatibilidad con billetera de hardware: Solo con Ledger, Trezor.
- Seguridad: Alta
- Tipo de billetera: Software

COINBASE

Una de las mejores carteras de Cardano que se puede utilizar para comprar, vender, transferir y almacenar moneda digital. Almacena de forma segura una amplia gama de activos digitales en el almacenamiento fuera de línea. Esta plataforma es compatible con más de 100 países. **Puedes comprar Bitcoin y otras Criptomonedas aquí:**

Características:

- Puedes comprar y vender cualquier moneda digital y realizar un seguimiento de ellas en un solo lugar.
- Proporciona una aplicación para dispositivos iOS y Android.
- Puedes programar tu comercio de divisas de forma diaria, semanal o mensual.
- Almacena tus fondos en una bóveda por motivos de seguridad.
- Es uno de los intercambios de criptomonedas más grandes.
- Obtienes 5USD en Bitcoin gratis por registrarse.
- Monedas admitidas: BTC, BCH, LTC, ETH y Cardano entre otras
- Compatibilidad con billetera de hardware: Solo con Ledger, Trezor.
- Seguridad: Alta
- Tipo de billetera: Software

GÉMINI

Una de las mejores carteras de Cardano que te ayuda a legitimar las criptomonedas en todo el mundo. Es una forma sencilla, elegante y segura de crear una cartera de criptografía.

Características:

- Ofrece descuentos de hasta el 0% para los comerciantes de volumen.
- Ofrece buenas medidas de seguridad.
- Monedas admitidas: Bitcoin, Ethereum, Litecoin, Cardano y Bitcoin Cash, etc.
- Compatibilidad con billetera de hardware: No
- Seguridad: Standard

- Tipo de billetera: Software

Kraken

Es una de las mejores carteras de Cardano que ofrece estabilidad financiera al mantener reservas completas, relaciones y los más altos estándares de cumplimiento legal.

Características:

- Un enfoque de seguridad muy completo.
- Te permite comprar y vender activos con un solo clic
- Puedes comunicarte con tu equipo de soporte a través del chat en vivo.
- Kraken verifica automáticamente todas las direcciones en busca de errores.
- Monedas compatibles: BTC, Litecoin, Cardano, Dash, Zcash, etc.
- Compatibilidad con billetera de hardware: Sí
- Seguridad: Alta
- Tipo de billetera: Software
- Plataformas compatibles: Web, iOS y Android

Trezor

Es una billetera de hardware que te ayuda a almacenar tus monedas Cardano. Puedes conectarlo fácilmente a tu computadora o teléfono inteligente. te ayuda a generar aleatoriamente un código PIN que mantiene el dispositivo seguro y protegido.

Puedes comprarla aquí la más moderna la **TREZOR MODEL T:**

O quizás te interesa la **TREZOR MODEL ONE:**

Características:

- Ofrece almacenamiento fuera de línea ultra-seguro.
- Soporta más de 1,000 monedas.
- Pantalla táctil fácil de usar.
- Extremadamente simple de usar.
- Te permite ocultar tu clave privada.
- Monedas admitidas: BTC, ETH, BCH, LTC, Cardano, XLM, HT, USDC, Dash, etc.

- Plataformas compatibles: Windows, Mac OS X o Linux
- Tipo de billetera: Hardware
- Seguridad: Alta

Coinsmart

Es un cambio de moneda digital que te permite comprar y vender criptomonedas sin problemas. Te permite acceder a tu saldo criptográfico al instante. Esta aplicación te proporciona una forma rápida y sencilla de facturar a tus clientes mediante SmartPay Invoicing.

Características:

- Proporciona soporte en vivo 24 horas al día, 7 días a la semana.
- Te permite operar con cualquier moneda con un solo clic.
- Procesa todos los retiros de Fiat en pocos días.
- Te permite realizar pedidos personalizados sin problemas.
- Se puede acceder a esta plataforma desde dispositivos móviles y computadoras de escritorio.
- Admite criptomonedas: Bitcoin Cash, XRP, Litecoin, Cardano y más.

Ledger Nano

El Ledger nano es una cartera de hardware que soporta una multitud de criptomonedas. Esta billetera de hardware tiene una pantalla LED para la validación del pago y un PIN para confirmar la transacción. Este dispositivo de mano es conveniente y seguro.

VE LA LEDGER NANO S AQUI:

Características:

- Puedes acceder fácilmente a él a través de dispositivos compatibles con USB.
- Te permite instalar hasta 100 aplicaciones.
- Esta billetera Cardano te permite proteger y controlar todas sus criptomonedas.
- Ofrece autenticación de 2 factores.
- Plataformas compatibles: Windows (7+), Mac (10.8+) y Linux.

CEX.IO

Se trata de una de las mejores carteras de Cardano que te ayuda a comprar y vender criptomonedas. Te permite depositar fondos con MasterCard, tarjeta Visa o PayPal Debit MasterCard. Esta plataforma sigue estrategias de comercio de frecuencia y scalping para proteger los activos y los datos.

Visita CEX.IO y ve los precios aquí:

Características:

- Los usuarios pueden intercambiar USD por ADA, Bitcoins, Ethereum y XRP (Ripple).
- Protege contra ataques DDOS (denegación de servicio distribuida) mediante el cifrado de datos completo.
- Puede operar con un apalancamiento de más de 10 veces sin crear una cuenta adicional.
- Es uno de los principales intercambios de cifrado que admite plataformas como dispositivos móviles y sitios web.
- Esta DApp ofrece informes descargables que muestran el saldo en tiempo real y el historial de transacciones.

Cardano Wallet

La billetera Cardano es una billetera de criptomonedas que te permite enviar, recibir, almacenar y administrar la criptomoneda Cardano (ADA). Las carteras Cardano están disponibles en plataformas de software, hardware, en línea y de aplicaciones. Ofrece una seguridad sólida para transacciones con criptomonedas.

Ventajas de Cardano:

- Aquí hay algunos pros / beneficios de Cardano:

- Asegura precisión matemática en el funcionamiento de Cardano.
- Le ayuda a reducir los costos de energía al verificar bloques.
- Le permite realizar transacciones rápidas para trabajar con activos digitales.
- Cardano no cobra grandes comisiones cuando se realizan transacciones instantáneas.
- Completo anonimato de los usuarios.
- Corrige errores de red sin un enganche trasero.

¿PUEDO GUARDAR **mis criptomonedas en dos o más billeteras a la vez?**

No, no puede almacenar todas las criptomonedas en la misma billetera y no todas las ubicaciones almacenan las mismas criptomonedas. Algunas carteras pueden almacenar solo 3 criptomonedas, y están divididas en tres carteras diferentes y tienen las opciones de bóvedas. Sin embargo, algunas carteras también permiten almacenar más de 3 criptomonedas.

La mejor billetera Cardano para Android

Algunas buenas carteras de Cardano para Android son Coinbase, Gemini, Binance, Kraken, etc.

La mejor billetera Cardano para iOS

Las mejores carteras de Cardano para iOS son Coinbase, Gemini, Binance, Kraken, etc.

Consejos para almacenar de forma segura su Cardano

- Desconectarse: El almacenamiento sin conexión elimina la amenaza de piratería, lo que lo hace más seguro que cualquier billetera conectada a Internet.
- Copia de seguridad: Cerciórate de hacer una copia de

seguridad de tu billetera con regularidad para que esté actualizada. Puede acceder fácilmente a sus existencias de cifrado en caso de que algo salga mal.

- Usa el sentido común: Debes usar una contraseña segura y nunca dar contraseñas o claves privadas a nadie más.
- Elija una billetera confiable: Asegúrate de elegir siempre una billetera criptográfica confiable y de buena reputación.
- Wallets de Cardano que se pueden usar para el replanteo
- Ledger Nano X, Coinbase, etc., se pueden utilizar para el replanteo de Cardano.

4

UN REGALO PARA TI

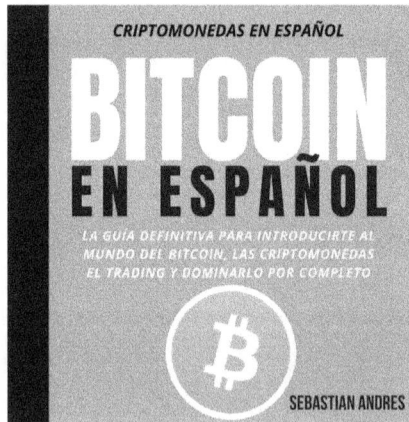

Q uerido lector, la colección de libros "Criptomonedas en Español" no solo tiene versiones en ebook, tapa blanda (paperback) y tapa dura (hardback) sino que también esta disponible una version en audiolibro, muchas veces no tenemos tiempo para sentarnos y leer por el ajetreo del día a día por lo que esta version es mas cómoda para ti.

Si deseas la version en audiolibro de esta colección, puedes escanear el siguiente código QR con tu móvil/smartphone y obtenerlo de forma gratuita:

¡Qué lo disfrutes!

5

LAS MEJORES PLATAFORMAS DEFI DESARROLLADAS SOBRE LA RED DE CARDANO

El proyecto Cardano se inició en el año 2015 por Input-Output Hong Kong - IOHK, una organización administrada por el cofundador de Ethereum, Charles Hoskinson. La idea detrás de Cardano fue y es crear una cadena de bloques que funcione mucho mejor que las cadenas de bloques más establecidas como Ethereum y Bitcoin.

Esto significa poder procesar más transacciones de manera confiable a costos más bajos y con menor consumo de energía. Su caso de uso principal es que los desarrolladores creen aplicaciones seguras impulsadas por Cardano utilizando su token de gobierno nativo ADA. Cardano es un vasto ecosistema, un proyecto masivo con muchos componentes, tanto en el sentido técnico como organizativo. Su cadena de bloques en sí consta de la capa de asentamiento de Cardano (CSL) y la capa de cálculo de Cardano (CCL). CSL se usa para transferir ADA entre cuentas y CCL contiene la lógica de contrato inteligente que usan las aplicaciones para mover fondos de manera programática.

Cardano cuenta con el protocolo de Ouroboros, representado por un antiguo símbolo egipcio que representa a una serpiente que se come su propia cola. También es el nombre del algoritmo de consenso de prueba de participación (PoS) utilizado por los nodos que ejecutan el software Cardano. El tiempo se divide en épocas y franjas horarias, la primera representa los marcos de tiempo generales y los últimos intervalos de 20 segundos. Dentro de cada ranura, se elige un líder al azar para agregar el siguiente bloque a la cadena de bloques, después de lo cual la moneda se lanza nuevamente para elegir el siguiente líder de la ranura.

Dentro de Cardano, los nodos representan el mantenimiento de la cadena de bloques, que en debido funcionamiento se realiza a través de una red muy bien distribuida. Para Cardano aplican tres tipos de nodos:

- Edge: Para crear transacciones en criptomonedas.
- mCore: Apueste por ADA y participe en la gobernanza distribuida.
- Retransmisión: Envía datos entre mCore y la Internet pública.

En su organización, Cardano es mantenido por una colección de organizaciones separadas. La Fundación Cardano tiene su sede en Suiza y está a cargo de supervisar el desarrollo de la cadena de bloques Cardano. Emurgo es la unidad de desarrollo empresarial que socializa el producto en el espacio institucional. IOHK construyó Cardano y Ouroboros.

El desarrollo de Cardano adopta un enfoque diferente

Cardano tiene muchas características familiares, como ejecutar contratos inteligentes para crear aplicaciones descentralizadas (dApps). Lo que lo hace diferente es su enfoque basado en la investigación para construir los fundamentos. Las optimizaciones se basan en la investigación científica y la verificación formal revisada por pares. Por ejemplo, Ouroboros se ha considerado demostrablemente seguro a través de una revisión formal.

El propósito es crear un protocolo robusto que cumpla con los estándares de las empresas. En apoyo de ese objetivo, el código de Cardano está escrito en el lenguaje de programación Haskell, que se utiliza en los sectores bancario y de defensa.

Al momento de escribir este artículo, IOHK ha publicado algo más de 100 artículos académicos en su biblioteca que cubren tecnología y fomentan asociaciones con universidades de todo el mundo, con la firme intención y el mejor propósito de facilitar el aprendizaje y sedimentar conocimientos que ilustren lo mejor posible, cuanto sea necesario saber y dar conocer sobre Cardano.

Surgimiento de un token: ADA

Nombrado en honor a la matemática del siglo XIX ADA Lovelace, ADA es el token nativo utilizado para transacciones y participación en la gobernanza en la cadena de bloques Cardano. Debe poseer ADA para convertirse en el próximo líder de tragamonedas siguiendo el modelo PoS, votar por políticas de software como las tasas de inflación y determinar quién gana una parte de las tarifas pagadas por las transacciones en bloque.

El token se lanzó durante la ICO de Cardano en 2016 con un total de 62 millones USD. Después de que estuvo disponible para operar en los mercados de cifrado en 2017, el precio subió 6.050% de 0,02USD a 1,23USD en tan solo 3 meses. Esos fueron los días frenéticos de la ICO en los que la luna parecía más cercana que nunca. Desde entonces, el precio se ha venido corrigiendo a partir de 0,07USD y 0,04USD durante la mayor parte de 2018 hasta el presente. ADA ha ido en aumento constante. Al día de hoy el token se cotiza en 2,58USD

El aumento de Cardano es impresionante. ¿Qué hay detrás de ello?

Primero, la implementación de la actualización de Shelley ha creado más interés en el protocolo, ya que su sistema de participación ofrece recompensas, esquemas de incentivos y tarifas bajas. Estas son características atractivas para los inversores en el protocolo Cardano. En segundo lugar, el CEO Charles Hoskinson ha comenzado a hacer una jugada para DeFi diciendo en un video que Cardano podría ganar la carrera por las finanzas descentralizadas. El juego DeFi se está calentando y cualquier proyecto que se ponga en posición de desempeñar un papel de liderazgo obtendrá las recompensas tanto en las tasas de adopción como en la valoración del token.

Si Cardano realmente está a la altura de ganar la carrera por DeFi, ADA presenta una gran oportunidad de crecimiento tanto para la propia organización como para los comerciantes en los mercados de cifrado que buscan obtener ganancias gracias a la rápida expansión de DeFi.

El proyecto DeFi inicial para Cardano ha cambiado desde Polkadot, un plan transformador Blockchain que se centra en crear una infraestructura interactiva mucho más segura entre las distintas cadenas de bloques existentes, toda vez que aporta alternativas de escalabilidad y nuevas funcionalidades.

La plataforma Bondly procesará la transición de su moneda digital, OTC BSwap y la plataforma de comercio electrónico BONDProtect a Cardano desde Polkadot.

Bondly es una plataforma de comercio electrónico descentralizado, la cual pasará a ser el primer proyecto financiero que se ejecutará como parte de la ejecución de la plataforma funcional de contrato inteligente de Goguen en la Blockchain Cardano.

En un anuncio por medio de la red social Twitter, la compañía que creó la plataforma Cardano hizo mención sobre IOHK, refiriéndose a ella como la asociación que ha dado un gran paso en el avance de la misión de las dos compañías en llevar las finanzas descentralizadas a las masas.

El inicio de Goguen, que debió completarse en febrero de 2021, permite el desarrollo de aplicaciones descentralizadas en la red y marca el inicio de la integración de proyectos DeFi en el ecosistema Cardano. El CEO de IOHK, Charles Hoskinson, dijo que el despliegue de aplicaciones como Bondly en la plataforma permitiría a DeFi alcanzar su verdadero potencial y eventualmente reemplazar completamente el sistema financiero digital de manera global.

En la justa medida que la actualización continúe su camino, Bondly moverá su criptomoneda BONDLY de Polkadot a Cardano, al igual que los dos productos bandera de la compañía. La reconocida plataforma de comercio BSwap, que es de venta libre y BONDProtect, conocida plataforma de comercio electrónico, ofrecen un repositorio descentralizado y protección al comprador.

En contraste con Ethereum, donde las negociaciones ETH son más significativas que las ejecutadas con tokens ERC-20, la actualización de Goguen no prevalecerá las actividades comerciales de Cardano sobre otros tokens emitidos en la plataforma. Esto provee un mejor beneficio para los tokens no locales que se beneficiarán de todas las funciones de seguridad y los contratos inteligentes de la ADA del token Cardano original.

Después de la implementación completa de la actualización Goguen de Cardano, comenzará el proyecto Marlowe de la plataforma. La iniciativa consentirá anticipos peer-to-peer y contratos por diferencia (CFD) directamente con Cardano. Los usuarios de la plataforma pueden publicar plantillas listas para dar utilidad a sus contratos DeFi y activos digitales, para entonces transferir los términos del contrato a la plataforma.

Desde mediados de diciembre del año 2020, la compañía notificó sobre otro nuevo proyecto DeFi llamado Liqwid, como un muy buen aspirante potencial de 250,000USD ADA bajo el Proyecto Catalyst.

Hoskinson siempre se ha caracterizado por tener ambiciones y expectativas muy grandes para Cardano. Durante el primer semestre del año 2020, sugirió que Cardano fuese transformado en un líder dentro del sector DeFi. A principios del mismo año, el CEO de IOHK predijo mediante un live transmitido el 3 de enero de 2020, en su canal de YouTube que Cardano reemplazaría a Bitcoin como la criptomoneda número uno para fin de año. Eso es algo que aún no ha sucedido todavía. De momento seguimos vigilantes de lo que pueda generar tal predicción.

Wave Financial Group se asoció recientemente con Cardano para producir un informe en profundidad, "Cardano: de la ideación a la manifestación", con perspectivas y conocimientos sobre las tendencias clave en blockchain y cripto. El informe cubre el panorama de DeFi y las "tres pestañas" de la cadena de bloques: escalabilidad, interoperabilidad y sostenibilidad, así como la solución de Cardano a través del cFund exclusivo de Wave. Este es un fondo de cobertura cripto-nativo en etapa inicial que está adoptando un enfoque de capital de riesgo para impulsar la expansión de Cardano.

La inclusión financiera mundial es un hecho. El desarrollo de Cardano fue iniciado por Input Output Global (IOG) con la misión de lograr la inclusión financiera mundial. El objetivo de IOG al construir y probar la cadena de bloques era garantizar la escalabilidad, interoperabilidad y sostenibilidad de la red. Ciertamente, un objetivo elevado, pero si se logra, la red puede transformarse en una nueva y poderosa infraestructura económica que brindará un acceso sin precedentes a servicios financieros críticos para la población mundial con pocos bancos o ninguno.

DeFi: Diseñado para manejar DApps grandes y complejas como por ejemplo Ethereum, la cual actualmente tiene un predominio en el espacio DeFi, pero la cantidad de restricciones en la infraestructura de esta red está aumentando. Las tarifas han aumentado junto con la participación de mercado de Ethereum en DeFi. La creciente demanda ha hecho que sea muy costoso procesar incluso las transacciones más pequeñas en la red Ethereum.

Cardano actúa como una plataforma de desarrollo para aplicaciones descentralizadas (DApp), que está equipada con soporte para contratos inteligentes y un libro mayor de activos múltiples. Su objetivo es resolver los problemas de rendimiento de las cadenas de bloques Ethereum y Bitcoin.

Existen problemas de escalabilidad que afectan las cadenas de bloques de primera y segunda generación, las cuales se ejecutan en un algoritmo de prueba de trabajo, que ralentiza enormemente la velocidad de la red ya que los nodos tienen que realizar cálculos complejos para llegar a un consenso. La red Visa puede procesar alrededor de 65.000 transacciones por segundo, en comparación con 15 para Ethereum y 7 para Bitcoin. Esto hace que estas cadenas de bloques sean demasiado caras para el uso diario y dificulta la aceptación general de las criptomonedas como medio de pago.

Ante desafíos de interoperabilidad y problemas de sostenibilidad que sufren muchas criptomonedas, en especial Bitcoin y Ethereum; Cardano propone interesantes soluciones y aportaciones de importancia, dado que los usuarios no pueden usar Bitcoin en los protocolos DeFi basados en Ethereum, tampoco pueden hacer una devolución de su Bitcoin. La falta de liquidez disponible conduce a dificultades para obtener préstamos y altas variaciones de precios entre los activos, lo que causa problemas para las plataformas de préstamos, los intercambios descentralizados y otras aplicaciones DeFi.

Después de que un ataque de malware le robara a la comunidad Ethereum una enorme cantidad de fondos, la red se bifurcó, lo que resultó en Ethereum Classic. Antes de que pudieran adaptarse al nuevo tamaño de la red, ambas redes tuvieron problemas para procesar las transacciones a tiempo.

Cardano está trabajando en una solución para equipar las cadenas de bloques con un sistema de gobernanza eficaz. Esto comienza con el establecimiento de un método seguro para sugerir mejoras. El objetivo final es hacer de la red Cardano un sistema completamente autosuficiente. En la era Shelley de la criptomoneda, se creó un sistema para recompensar a los participantes de la red por apostar sus tokens ADA en los fondos de liquidez de Cardano. Asimismo, la era final, Voltaire, pretende permitir que los mismos suscriptores mejoren o administren la red.

Un mecanismo innovador de coordinación y financiación, eso es lo que IOG planea introducir como un mecanismo de votación que permitirá a los usuarios usar ADA como voto para determinar cómo evolucionará la red en el futuro. Harán y votarán sugerencias para mejorar la red. El IOG establecerá un fondo de desarrollo mancomunado para financiar las propuestas de mejora. Con cada transacción en la red Cardano, parte de las tarifas de transacción fluirán al fondo. De esta manera, Cardano puede convertirse en una red completamente autosuficiente y lograr una descentralización completa. Una vez que la comunidad tiene el control sobre él, el IOG ya no necesita intervenir.

IOG se acercó a Wave Financial para obtener ayuda para encontrar oportunidades de inversión adecuadas. Dentro de un proceso en etapa inicial, Wave lanzó cFund, un recurso de amparo cripto-nativo. Wave se caracteriza por invertir en aquellos proyectos que prometen innovación que garanticen un aceleramiento en el desarrollo de la red Cardano. Wave valora a numerosas empresas postuladas en las cuales cFund se podría decidir a invertir, considerando aquellas posibilidades de sinergia con Cardano.

El socio general de cFund tiene una amplia experiencia como fundador y socio gerente de Wavemaker Partners, que administra 470 millones USD en una cartera de más de 350 empresas. Gracias a la extensa red de IOG, su excelente reputación y numerosos recursos, cFund puede obtener acceso a oportunidades únicas. Finalmente, cFund está respaldado por una herramienta de investigación excepcional que juega un papel clave en la búsqueda de inversiones potenciales. IOG y Wave pueden realizar una revisión técnica exhaustiva de oportunidades, identificar empresas que satisfacen las necesidades de la industria y detectar tendencias desde el principio cómo participantes activos en la industria Blockchain.

Pruebas y demostraciones

El proyecto Spores de Cardano DeFi ha logrado recaudar 2.3 millones USD en una ronda de financiamiento inédita. La plataforma NFT y DeFi con sede en Cardano, Spores, obtuvo una importante suma por parte de inversores de la industria.

Spores Network es una nueva plataforma NFT y DeFi centrada en el creador, la cual protagonizó una muy productiva ronda de financiación con feliz y efectivo término.

Spores es la primera plataforma DeFi de pila completa de Cardano Día a día, Spores se esmera a incrementa y desarrollar su juego, en miras a convertirse en la plataforma referencial y número uno NFT y DeFi de pila total en incorporarse con la Blockchain Cardano. Para ello busca aumentar aún más el alcance del mercado de NFT en rápido crecimiento para los usuarios principales. Serán necesarias tarifas de transacción más bajas, procesos de transacción respetuosos con el medio ambiente, mayor rendimiento y una gran comunidad leal.

Referente a su financiamiento, el CEO de Spores Network, Duc Luu, hizo saber que en Spores Network existe un intenso sentido de compromiso y sentido de pertenencia tras lanzar su perspectiva como NFT y DeFi respaldad con los VC y KOL criptográficos de categoría global, viendo un devenir de sucesos sin ningún tipo de fricciones, sin límites, equidistantes con el creador e impulsados por la comunidad para crear, intercambiar y comunicar el trabajo en la vida física y digital.

Spores de Cardano aspira convertirse en el Alibaba del mundo crypto, siendo este su objetivo final a seguir, creando una plataforma NFT interoperable entre cadenas que permitan a los usuarios no solo emitir NFT, sino también subastar e intercambiar activos, así como utilizar sin problemas varios otros productos DeFi.

Luu hizo referencia al hecho de que la plataforma tiene la más firme intención de lanzar innovadoras herramientas financieras descentralizadas que lo convertirán en un gigante de DeFi en la industria de la criptografía. El proyecto construirá el principal mercado NFT de Asia junto con otras herramientas de financiación descentralizadas para ser el Alibaba y Alipay del mundo criptográfico.

El mercado, según el CEO de Spores, traerá verticales creativas que incluyen arte digital, juegos, animación, celebridades y deportes electrónicos, mientras recompensa a los creadores con una participación en los ingresos y la voz.

La financiación fue apoyada por inversores de la industria,

incluidos NGC, SVC, ExNetwork, Focus Labs y Twin Apex, entre otros.

El socio fundador de NGC, Roger Lim, hizo saber a Spores que el creciente interés en los tokens no fungibles como una nueva clase de activos dentro del espacio criptográfico siendo una estupenda ocasión que quienes habiten, se decidan a invertir; haciéndose poseedores de sus propias vidas digitales.

En los actuales momentos vemos cómo ya una diversidad de programas ejecutables se encuentran en manos de usuarios que desde la red han comenzado a recibir beneficios y recompensas, gracias su partición activa en deportes, arte y juegos digitales; recibiendo sus aportes en criptomonedas con las cuales comienzan a su vez, a participar en trámites y negociaciones on line con presencia activa, efectiva y segura. Es esta una manera distinta, novedosa y creativa de ver cómo es posible producir y generar dinero electrónico, que sería transferido a tu cuenta o wallet en tu token favorito o de mayor utilidad, conforme a tus propias y particulares exigencias.

En esta ruta y sobre este camino, Cardano emprende su marcha o carrera contra el tiempo y frente a un ecosistema variado y dinámico, que exige por medio de sus usuarios y seguidores propuestas y respuestas cargadas de novedad y actualización confiable que les sea óptima, segura y confiable. Es parte del compromiso y misión de Cardano, en vías a fortalecer sus desarrollos DeFi.

ZyCrypto, es un protocolo DeFi nuevo que ha sido construido en la red Cardano

ADAX es un creador de mercado automatizado que atiende a los usuarios de la red Cardano con el objetivo de revolucionar las transacciones.

El proyecto se creó para permitir a los comerciantes realizar transacciones sin problemas en la red Cardano. ADAX está en camino de convertirse en una poderosa plataforma de negociación con su facilitación de intercambio de tokens sin confianza, re-orientación más amplia y comercio de tokens no fungibles (NFT).

ADAX, por sí mismo se trata de un protocolo de liquidez mecanizado, que permite hacer más viable y sencilla la comercialización de

forma indiscutiblemente descentralizada y sin ningún tipo de salva-
guardia en lo que al ecosistema Cardano se refiere. ADAX no tiene
un libro de pedidos, lo que ayuda a reducir los costos de transacción
y transacción de la red. Su sitio web dice en una de sus partes que:

Han eliminado de la ecuación todos los intermediarios, la
complejidad y los procedimientos engorrosos, dando a los usuarios la
libertad de comerciar sin censura ni pérdida de control sobre sus activos. Todos quienes hacen vida en la red, tienen la posibilidad de
llevar el control pleno de sus tokens, estando libres a proporcionar
sus claves, garantizando así que todos sus pedidos sean registrados,
mientras están en un intercambio centralizado.

Tomando en consideración que los conocidos protocolos DeFi
pudieran ser ignorados por su estructura de seguridad, ADAX provee
una plena en seguridad a favor de sus usuarios. Esto se verá facilitado
por el DEX impuesto por Cardano, que ofrece operaciones seguras y
rápidas. Para fomentar una mayor participación de los usuarios en el
proceso de provisión de liquidez, lo que da como resultado un DEX
más dinámico, todas las comisiones de intercambio generadas se
comparten entre los creadores de mercado y los proveedores de
liquidez.

El protocolo es un esfuerzo combinado de expertos calificados de
varias iniciativas criptográficas. El equipo detrás del proyecto asegu-
rará el éxito del proyecto al garantizar las mejores prácticas de la
industria y los máximos beneficios para el usuario.

A pesar de estar basado en Cardano, el token nativo de ADAX,
ADAX USD es un token ERC20. Los tokens ADAX tienen un suministro total de 100.000.000, con solo el 40% asignado para distribu-
ción pública.

ADAX eligió Cardano porque se espera que se convierta en el
nuevo estándar para las criptomonedas. Los inversores reconocen el
potencial de la red para desafiar el Status Quo integrado de las
estructuras de poder monopolísticas y burocráticas dentro del
mundo de las criptomonedas.

Cardano ha cambiado el espacio Blockchain a través de algunos
de los proyectos más vanguardistas. Dirigido por una organización

sin fines de lucro, el proyecto cuenta con una seguridad inigualable, tarifas de transacción significativamente más bajas y velocidades vertiginosas de Blockchain.

La preferencia de ADAX por Cardano ha acelerado su desarrollo en conjunto con las nuevas características de Cardano. En el proceso de promoción a favor de los Smart Contract de Cardano, en el tercer trimestre, ADAX hará más fácil la participación, brindando seguridad a la liquidez dentro del mercado, a los tradicionales intercambios de tokens accediendo a los usuarios el beneficio máximo dentro de las capacidades y facultades de la red.

Dentro de los planes y proyectos de ADAX, se prevé el lanzamiento de una poderosa campaña de concientización a favor de la marca Public IEO, en contribución con la Fundación Cardano.

Cardax: Un proyecto de intercambios descentralizados basado en Cardano

Desde el inicio de los activos de comercio digital, la mayoría de las transacciones criptográficas pasan por intercambios centralizados basados en la confianza. Sin embargo, en los últimos años, hemos visto algunas innovaciones interesantes en términos de tecnologías comerciales dentro del espacio Blockchain.

Una de esas innovaciones es el concepto de intercambios descentralizados (DEX), que permiten a los comerciantes encontrar a sus pares y realizar transacciones directamente en la cadena. A través de DEX, las contrapartes eliminan su dependencia de los intercambios comerciales centralizados y los riesgos de custodia asociados, como robos o piratería.

El número de intercambios descentralizados ha aumentado en los últimos años. Por ejemplo, en la familia Ethereum, hay Uniswap, Airswap Protocol, Etherex, IDEX y más. Cuando se trata del ecosistema Cardano, todavía no existe un intercambio descentralizado. Los tokens creados en Cardano no tienen un intercambio nativo para listar. Para solucionar este problema, un equipo de desarrolladores ha presentado una propuesta del Fondo 4 en Project Catalyst. Están buscando fondos por valor de 50.000 dólares para desarrollar Cardax, que servirá como el primer DEX en el ecosistema de Cardano.

Detrás de la propuesta del proyecto Cardax está Ryan Morrison, quien lidera el equipo de Quant Digital, una empresa que se desarrolla en Cardano. Ryan, que es un profesional de marketing, operador de grupos de interés y emprendedor con gran experiencia, cree que su equipo está bien equipado con los conocimientos técnicos y de marketing para que el proyecto sea un éxito. El equipo está compuesto por desarrolladores y entusiastas de la criptografía con un profundo conocimiento de los activos nativos, los contratos inteligentes en Cardano y el ecosistema Blockchain en general. Algunos proyectos similares en los que ha trabajado el equipo incluyen Celsius, Open Ocean y Bitcoin EU.

Dando una mirada un tanto más cercana al roadmap del proyecto Cardax, un intercambio descentralizado que estará impulsado por el protocolo Extended Automated Market Maker (EAMM), damos con el objetivo de proporcionar liquidez a los proyectos que emiten tokens nativos en Cardano. Tras la activación del hard fork de Mary en la red principal de Cardano, que trajo tokens nativos y soporte de múltiples activos a Cardano, existe una mayor necesidad de desarrollar un intercambio nativo. Además, con el próximo lanzamiento de la era de Goguen, los contratos inteligentes permitirán el desarrollo de aplicaciones descentralizadas en Cardano.

Estos son grandes avances que abrirán emocionantes casos de uso de Cardano a nivel empresarial. Tener un intercambio nativo de Cardano abordará algunos desafíos comerciales y brechas dentro del ecosistema. Algunas características y capacidades que Cardax traerá a la red Cardano incluyen:

• Soporte para cualquier token nativo de Cardano

- Posibilidad de unirse a grupos de liquidez para cobrar tarifas en pares de tokens nativos ADA-Cardano
- Precios automatizados sensibles a la liquidez mediante el protocolo EAMM
- Posibilidad de intercambiar ADA por cualquier token nativo de Cardano
- Capacidad para comerciar entre tokens nativos de Cardano a través de una sola transacción
- Capacidad para comerciar y transferir a una dirección diferente en una sola transacción
- Compra fácil de ADA o cualquier token nativo de Cardano de la billetera de Yoroi

SEGÚN LA PROPUESTA, Ryan y su equipo buscan implementar este proyecto en seis importantes fases, que una próxima oportunidad y capítulo, podremos desarrollar ampliamente con todos sus detalles.

Los intercambios descentralizados (DEX) generalmente se basan en un libro de pedidos o en un Creador de mercado automatizado (AMM) para proporcionar precios de mercado. El modelo de libro de órdenes funciona mejor cuando el intercambio ofrece pares comerciales con alta liquidez, como BTC/ETH. La mayoría de los intercambios centralizados, como Binance y Coinbase, utilizan libros de pedidos. Algunos intercambios descentralizados como IDEX también utilizan el modelo de libro de pedidos. Sin embargo, en mercados con baja liquidez, las carteras de pedidos no funcionan tan bien. Los usuarios pueden realizar pedidos, pero encontrar una coincidencia no será tan fácil, por lo que podrían terminar esperando mucho tiempo. Como tales, no escaparán de la volatilidad y los grandes diferenciales que se producen en estas situaciones.

Por otro lado, un modelo de Creador de mercado automatizado, como el que se usa en Uniswap, se adapta a los intercambios que ofrecen pares con baja liquidez. El equipo proponente ha estado investigando cómo pueden aprovechar los dos modelos para brindar la mejor experiencia comercial en tokens que se servirán en Cardax. Al combinar lo mejor de los dos mundos, buscan desarrollar un sistema que:

- Permite a los usuarios convertirse en creadores de mercado ya sea iniciando un grupo de liquidez o participando en un grupo existente.
- Minimizar el deslizamiento.
- Minimizar el riesgo de pérdida temporal.
- Proporcionar más transparencia de precios.
- Permitir a los emisores de tokens crear un nuevo par sin tener un gran capital como garantía.

Lo que nos depara el futuro del intercambio de activos digitales

Si bien los intercambios centralizados brindan beneficios únicos, por ahora, el cambio a intercambios de cifrado descentralizados es necesario para que los usuarios aprovechen todo el potencial de Blockchain. Esto también se alinea con los principios de descentralización y auto soberanía, que son el espíritu clave de la tecnología Blockchain.

Gracias a la valiosa aceptación cada vez más grande para Cardano y basado en las decisiones activas que amparan DeFi, un DEX inspirado y fundamentado en Cardano, cumplirá un destacado rol de negociador primordial y de poder dentro de la red. Cardax está configurado para proporcionar una forma confiable de conectar a las partes interesadas mientras promueve una gobernanza equitativa y la participación en la comunidad de Cardano. Sin embargo, al igual que con otras plataformas descentralizadas, los DEX aún se encuentran en sus primeros años y necesitarán un mayor desarrollo de la infraestructura, refinamiento de la experiencia del usuario y mecanismos de escala mejorados para garantizar una futura adopción.

Pocos analistas experimentados dirían que las finanzas descentralizadas (DeFi) han estado últimamente en un camino difícil. La oscilación de las tasas inconsistentes, la cantidad de arreglos en el mercado y la ruina creativa, han venido suprimiendo a aquellos participantes noveles, por ende, más frágiles del área, a la par con el fortalecimiento del liderazgo de los más conocedores. Además, KICK.IO, una plataforma de recaudación de fondos descentralizada basada en la red Cardano, ha visto una gran oportunidad durante el caos.

Aunque Ethereum, el gigante de la industria DeFi, parece estar a punto de ser despedido, KICK.IO se complace en ayudar.

Aunque Ethereum continúa beneficiándose de las ventajas del titular, es decir; los comerciantes se quedan con él por conveniencia, los expertos están ansiosos por señalar que el quo actual no perdurará. En general, se espera que Cardano, denominado el "Asesino de Ethereum", supere pronto a Ethereum en términos de transacciones totales de la red.

Todo ello motivado a que habita una gran avalancha de angustias con el procedimiento de asentimiento de Prueba de Trabajo (PoW) dentro de Ethereum, quien ha permitido un alto número de reclamos e insatisfacciones por las lánguidas tasas operativas en la red y por demás, cifras muy costosas. Recientemente, Ethereum también ha sido objeto de cuestionamiento por sus acciones ante el espectro medioambiental, pues los más conocedores en la materia han opinado sobre la incompetencia energética para el desarrollo de sus procesos, lo cual se podría transformar ocasionalmente en un centro comentarios negativos, así como una insurrección de sus accionistas.

El comerciante se encuentra y lo vemos en la búsqueda frecuente de aquellos adversarios legítimos a favor del especialista determinado, en la justa a medida que el mercado DeFi se hace más anhelante y ambientalmente sensitivo. Cardano, que fue instituido por Charles Hoskinson, quien también fue cofundador de Ethereum, es la elección más factible para adjudicarse el compromiso de contiguo guía de DeFi. Motivado a su propia naturaleza y elevación descentralizadas, resulta bastante factible que la primera Blockchain multicapa del universo cripto, genere gran marca.

En su propio protocolo Proof-of-Stake (PoS), Ouroboros, se categoriza como un fenómeno tecnológico. El inicio está siendo definido por Cardano, sobre lo cual no cabe duda alguna; con una novedosa época en transacciones y trámites demostrablemente muy efectivas, rápidas, con tarifas muy bajas y ofreciendo operaciones criptográficas sin emisiones de carbono, con tan solo la utilización de basamentos académicos.

El objetivo básico y principal que se ha fijado KICK.IO está en liderar esta transición, dando la oportunidad de que el sector DeFi repercuta en cambios de su orientación hacia la red Cardano. Se espera que la plataforma KICK.IO se convierta en un destino donde la gran comunidad de Cardano pueda unirse para financiar iniciativas de alto crecimiento y elegir a los campeones del mañana. KICK.IO está configurado para ejecutar una funcionalidad líder en el mercado, incluido el soporte completo de tokens nativos de Cardano, así como un conjunto de capacidades de inicio y respaldo de proyectos que todos los proyectos avanzados requieren para avanzar y prosperar.

KICK.IO está gestionado por un equipo de profesionales financieros tradicionales y de DeFi. Con la firme intención de dar respaldo a los intereses de sus partes, KICK.IO procesa la elegibilidad exclusiva de proyectos honestos, competentes y confiables; aquellos que cumplen un mejor potencial y estándar capaz de aportar de forma significativa a favor del ecosistema Cardano.

Con el mercado alcista de Cardano ganando impulso, ahora es el momento de demostrar que el sector DeFi sigue vivo y en movimiento. La invitación es a seguir conociendo cada día más, el mundo fascinante de las finanzas descentralizadas o DeFi, un ecosistema revolucionario que a cada momento cobra más y gran importancia en todo el ecosistema financiero mundial, y que ha supuesto la generación de esquemas económicos novedosos, de aplicación y usabilidad total Blockchain.

Las Decentralized Finance DeFi o Finanzas Descentralizadas en español, es la tendencia que está definiendo una gran actividad comercial que se encuentra girando en entorno a la tecnología Blockchain en el día a día, dentro de la red.

Las finanzas descentralizadas - DeFi buscan en concreto, desarrollar piezas financieras diminutas tradicionales con grado extra de nitidez y descentralización. Estos pequeños fragmentos, como si fueran piezas de un Lego, son perfectamente combinables entre sí, con el firme propósito de extenderse a todo un entorno financiero de pequeñas soluciones que, en su conjunto global, constituyan una solución de envergadura para las economías que deroguen la necesidad de establecimientos financieros centralizados y opacas que ya no aportan el valor esperado por la comunidad.

6

EVOLUCIÓN DEL PRECIO DE CARDANO Y PORQUE HA CREADO TANTOS MILLONARIOS ESTE 2021

L a criptomoneda suiza Cardano - ADA, fue testigo de un aumento de precios de casi el 100 por ciento en siete días a principios de febrero del año 2021, en medio del gran interés de los inversores. Una razón de este interés es la estrecha relación de la moneda digital con Ethereum, ya que él matemático Charles Hoskinson co-fundó ambas monedas virtuales. Además, al igual que Ethereum, ADA tiene un formato de código abierto, lo que significa que cualquiera puede desarrollar más esta moneda.

Cardano continúa disparándose de forma indetenible con total poderío en la tercera posición. Cada día se ha convertido en un nuevo "máximo histórico", a medida que la criptografía continúa un rally que ha tenido lugar durante los últimos meses.

La pregunta de muchos es, ¿Qué hace Cardano para ir tan bien? La cripto está atrayendo un interés adicional de los comerciantes gracias a su repunte. Esto es como resultado al gran volumen de operaciones para ADA, lo que a su vez viene generando la subida de su precio.

Pero eso no es lo único que hace que la ADA suba más. Los comerciantes de criptomonedas también esperan una nueva actualización de software para la red. Esto es importantísimo, porque la actualización debería permitirle competir mejor contra rivales más grandes, como Bitcoin y Ethereum principalmente, su más cercano rival; por llamarlo de alguna manera.

Esta actualización introducirá los tan esperados contratos inteligentes que le abren a Cardano un abanico inmenso de utilidades. Conforme a las más recientes novedades, esta actualización habría de ser lanzada para el 12 de septiembre del año 2021.

De igual manera existen otras razones por las que los entusiastas de las criptomonedas se han aficionado con ADA. Eso incluye su resistencia durante las caídas de las monedas cripto, así como su bajo uso de energía en comparación con Bitcoin.

Con Cardano alcanzando un nuevo récord histórico, tenemos que preguntarnos qué tan bien le ha ido a la criptografía. Honestamente, asombrosamente. Desde principios de año, ADA ha ganado casi un 1.300%. Eso lo convierte en uno de los mejores en el espectro criptográfico y definitivamente uno de los altcoins más grandes a considerar. ADA ha experimentado subidas de hasta más de 20% en períodos de tan solo 24 horas de operaciones. Claro está que el nuevo récord histórico de Cardano no es la única noticia criptográfica de la que valdría la pena comentar.

De ser una criptomoneda menos conocida, Cardano ADA se ha convertido en la tercera más grande después de que su precio subió a un máximo histórico que superó el token nativo de Binance, según la valoración del mercado.

Algunos analistas y entusiastas de las criptomonedas habían temido que el nuevo gran proyecto de ley de infraestructura de los Estados Unidos incluiría nuevas regulaciones que hicieron más difícil o menos rentable el comercio de criptomonedas, pero no parece que eso suceda. Con ese factor de riesgo potencial aparentemente fuera del camino, las criptomonedas han estado obteniendo grandes ganancias últimamente.

Además del sentimiento general alcista en el espacio de las criptomonedas, Cardano también está disfrutando de un impulso positivo antes de la cotización de ADA en las bolsas de criptomonedas japonesas, que se llevará a cabo a finales del mes de agosto del año 2021. ADA también parece estar generando entusiasmo antes de una actualización pendiente que implementarse en septiembre y allanar el camino para contratos inteligentes en la cadena de bloques Cardano.

Como hemos reiterado, Cardano ahora tiene una capitalización de mercado de aproximadamente superior a los 88 mil millones de USD. Su token ADA ahora ha subido aproximadamente un 1,420% hasta la fecha, y las ganancias lo han impulsado a la tercera criptomoneda más grande por capitalización de mercado, solo por detrás de Ethereum y Bitcoin.

El universo cripto, se ha visto envuelto en un fascinante período de crecimiento y grandioso impulso durante las últimas semanas del presente mes de agosto en especial; con Cardano alcanzando un 126% de alza en todo su trayecto, mientras que la moneda número uno, Bitcoin crece en un estimado de 52%, con un Ethereum por token en un 62% de elevación en su precio.

Predecir la acción de fijación de precios para Cardano y el mercado de criptomonedas en general implica una gran cantidad de especulaciones, pero hay algunos catalizadores potencialmente importantes para ADA en el horizonte. En particular, la próxima bifurcación de actualización que allanará el camino para la funcionalidad de contrato inteligente y otras características de finanzas descentralizadas es definitivamente un evento a tener en cuenta.

En este artículo representamos opiniones muy personales basadas en referencias diversas emitidas por expertos, las cuales pueden generar ciertas discrepancias lo cual le impregna interés y mayores ganas de contribuir con el ecosistema y mundo cripto tan en boga. El cuestionamiento nos ayuda a todos a pensar críticamente sobre la inversión y a tomar decisiones que nos ayuden a ser más inteligentes, felices y ricos.

El volumen de operaciones en la criptomoneda ADA de Cardano aumentó drásticamente hace solo unos días, mientras se redactaba este documento, el pasado 20 de agosto, impulsando la criptomoneda a una ganancia del 10% en cuestión de horas. Cardano, que se convirtió en la tercera criptomoneda más grande del mundo la semana pasada, ha visto subir su precio en más del 150% en las últimas semanas.

Un token digital poco conocido vinculado a la cadena de bloques Cardano acaba de superar a otras monedas alternativas principales para convertirse en la tercera moneda virtual más grande del mundo, ya que los desarrolladores de redes tienen como objetivo capitalizar el aumento de las finanzas descentralizadas que se ha extendido por todo el mundo.

Actualmente, la popular moneda alternativa cotiza en intercambios de criptomonedas como CoinSwitch Kuber, La moneda nativa de Cardano, ADA, desafió una advertencia de caída de precios importante para subir a un máximo histórico, superando el récord anterior. Por primera vez, el tipo de cambio ADA / USD superó los 2,56, lo que marca la culminación de un aumento de precio del 154.54% que comenzó el 20 de julio. Esto se logró a pesar de la advertencia del reconocido comerciante Peter Brandt de una caída de precios, que fue predicada en un patrón bajista típico conocido como patrón de cabeza y hombros.

ADA ha venido representando un crecimiento importante en su precio, subiendo alrededor de un 50% en tan solo una semana, esto refleja una clara confianza de alza en el cual los recientes avances tecnológicos dar apertura a los sistemas de pago Cardano, mucho antes de la fecha que ha sido fijada anticipadamente para el día 12 de septiembre.

Esto permitirá que su red proporcione ganancias rentables. Servicios como DeFi, donde Ethereum ocupa actualmente una posición dominante.

Anticipándose a la actualización planificada de Alonzo, que está programada para ser lanzada el 12 de septiembre, los inversores de ADA continúan aumentando el valor de Cardano. La actualización de Alonzo traerá la capacidad de Cardano para manejar contratos inteligentes, acuerdos auto-ejecutables entre compradores y vendedores. El token ha ganado consistentemente mientras Ethereum, el principal competidor de Cardano, continúa dominando el creciente sector financiero descentralizado de 100 mil millones USD.

Cardano podrá establecerse como un perfecto y genuino jugador en el espectro de las economías DeFi descentralizadas, motivado a la efectividad de los contratos inteligentes a favor de las Blockchains.

ADA se encuentra entre las criptomonedas más buscadas para los nuevos comerciantes debido a su precio aun relativamente bajo y su excelente marketing como uno de los posibles Ethereum Killers. Son muy contados los motivos para tomar consideraciones y definir a Cardano como la moneda preferida de la red, y entre ello ADA se ubica en las cripto más buscadas por nuevos usuarios, impulsados a su buen precio y al futuro alentador que se avizora.

Cuando las personas usan las finanzas descentralizadas, también conocidas como DeFi, están transfiriendo funciones financieras directamente a los libros de contabilidad digitales, lo que les permite realizar cosas como, prestar o pedir prestado efectivo y cobrar intereses en una cuenta de ahorro, todo sin la necesidad de intermediarios tradicionales como los bancos. Su creciente prevalencia es parte de una tendencia más amplia de uso creciente de Blockchain, que se está generalizando cada vez más.

Una serie de aumentos recientes en las criptomonedas como Bitcoin, Ether, ADA y otros tokens empujaron al mercado de las criptomonedas a superar los 2 billones USD en valor, por primera vez desde la caída de mediados de mayo.

Con una ganancia del 1,300% en solo un año, ADA se encuentra entre las cinco criptomonedas con mejor desempeño, superando las ganancias del 1,030% para Binance Coin, 330% para Ether y 59% para

Bitcoin, entre otras criptomonedas. En otro orden de ideas, cabe destacar que el token es considerado de alta fragilidad en el mercado, ante la gran volatilidad de grandes monedas digitales.

En respuesta a la contención criptográfica de RBI para el año 2018, el valor de ADA sufrió una pesada baja, estimada en un 90% de su valor, lo cual estableció los inicios de un mercado con marcada tendencia a baja de años para el conocimiento del sector más joven. Sin embargo, con la aparición de intercambios de cifrado populares en India, las inversiones en activos de cifrado aumentaron de 200 millones USD en el año 2019 a 40 mil millones USD un año después. A partir de ahora, CoinSwitch Kuber, el intercambio de cifrado líder de la India tiene más de 9 millones de usuarios registrados invertidos en cripto.

Tengamos por seguro que, en los actuales momentos, todas las miradas estarán puestas en la actualización Alonzo del próximo 12 de septiembre y cómo se relacionará con la actual racha positiva de ADA. Si todo el proceso va encaminado, como es de esperarse bajo la situación actual; ADA podría posicionarse como el competidor numero uno de Ethereum, y de esta manera marcando el comienzo de una nueva era en el sector de las criptomonedas.

Mientras que el mercado de criptomonedas en general se tomó una pausa, un respiro, la ADA de Cardano extendió un impresionante repunte de una semana muy recientemente, alcanzando una subida del 10% solo en cuestión de algunas horas en la justa medida que el nivel de transacciones en el token, consolidado como la tercera criptomoneda más importante del mundo; que creció dentro de una evolución de una cercana modernización de software que lo impulsaría a darle batalla a Ethereum.

Un antecedente clave

La ADA de Cardano se disparó en mayo después de que el multimillonario Elon Musk se amargó con Bitcoin y dijo que Tesla ya no aceptaría la criptomoneda debido a la fuerte desventaja ambiental de las enormes cantidades de electricidad utilizada para extraer nuevas monedas. La caída del mercado cripto fue tan impactante, que aún no hay una recuperación del todo ante este duro golpe. Sin embargo, ADA sube a nuevos niveles máximos a la par que personas deseosas de invertir se manifiestan en masa para obtener tokens que sean más razonables y efectivos para el sistema medioambiental. Hoskinson ha afirmado que Cardano usa solo 6 gigavatios hora de energía al año, ni siquiera el 0,01% de los 115,85 Tera vatios hora que se estima que son consumidos y utilizados por Bitcoin. El token se desplomó casi un 60% cuando el mercado en general colapsó a mediados de este año 2021, pero desde entonces ha comenzado a superar a Bitcoin y Ether.

Un hecho sorprendente y que llama poderosamente la atención dentro de toda la comunidad perteneciente y participativa del mundo cripto, es que ADA se ha disparado 1.300% solo este año, haciendo de ella una de las criptomonedas más grandes e importantes dentro de las primeras cinco en posición y mejor rentabilidad, en comparación con los rendimientos de las cinco principales del 1.030% para Binance, 330% para Ether y 59% para Bitcoin. Sin embargo, el token también es muy susceptible a la volatilidad masiva del mercado criptográfico más amplio.

ADA se desplomó casi el 90% en menos de dos meses a principios del año 2018 cuando las represiones regulatorias de las criptomonedas marcaron el comienzo de un mercado bajista de años para la pujante y naciente industria digital. El meteórico ascenso de Cardano en los últimos tres meses está llamando la atención de algunos de los inversores más expertos en criptomonedas.

Otra razón para el aumento de Cardano es, cómo ya hemos dicho; su cotización en la bolsa de Japón. El criterio nipón para ingresar al mercado es considerado uno de los más estrictos del mundo, lo que es otra victoria contundente para Cardano. Cabe resaltar, y es sabido por la comunidad; qué tanto Bitcoin, Ethereum y Litecoin también se encuentran en el mercado japonés. Cardano es humildemente popular, esto porque su modelo de cadena de bloques de prueba de participación se considera mucho más respetuoso con el medio ambiente que cualquier otra criptomoneda convencional.

La prueba de participación significa que las monedas se asignan aleatoriamente a los usuarios, lo que reduce la energía necesaria para una transacción. Por el contrario, Bitcoin y Ethereum utilizan un mecanismo de prueba de trabajo que ve una red global de computadoras funcionando simultáneamente para facilitar una transacción. Este procedimiento precisa una cantidad de energía de alto consumo, y Bitcoinenergyconsumption.com considera que Bitcoin generó una cuantía de 57 millones de toneladas de CO_2 en solo la media de un año, una cantidad que solo se compara con lo que puede consumir un pequeño país europeo como Bélgica, Holanda o Luxemburgo.

El multimillonario Michael Novogratz buscó reunir información sobre el token digital, también conocido como ADA, pidiendo ayuda para explicar el aumento de más de seis veces desde mediados de diciembre que la convirtió brevemente en la tercera criptomoneda más grande por valor de mercado después de los incondicionales Bitcoin. y Ethereum.

Novogratz no es el único que pregunta qué está pasando con una red que todavía carece de muchas funcionalidades disponibles en sus rivales más establecidos. Eso no ha impedido que desarrolle seguidores leales en Reddit, similar a muchas de las denominadas acciones de memes que aumentaron a principios de año. A diferencia de GameStop Corp., Cardano ha podido mantener su impulso ascendente.

¿Por qué se dice que Cardano podría superar a Ethereum?

Cardano se inclinó para superar a Ethereum, la segunda criptomoneda más grande del sistema cripto. Una criptomoneda que en su mayoría venía de ser muy discreta, se encuentra ya y está en el camino correcto para sacar la posición número dos y potencialmente incluso sacar a Bitcoin de su lugar principal. A Cardano se le considera como una criptomoneda que aparentemente surgió de la nada, y hoy por hoy la vemos rondando con fuertes aires de confianza por una vía muy segura y precisa, en la cual bien podría adelantar a en la carrera al número dos de la lista Ethereum, comenzando a inquietar a Bitcoin, el número uno del mercado digital.

La confianza se está construyendo en torno a Cardano, una cadena de bloques inventada y difundida en el año 2015, después de que superó a Binance para ocupar el tercer lugar en la escalera de las criptomonedas, detrás de Bitcoin y Ethereum. Los expertos creen que la moneda se ha propuesto o se ha fijado la meta de superar a Ethereum.

Según el administrador de datos criptográficos CoinGecko, Cardano ha continuado disparándose de manera indetenible, aumentando su valor y capitalización de mercado. Cardano supera en tan solo un mes, un crecimiento y subida de su moneda, en más de un 180%. Se cree que la nueva popularidad de Cardano se deba al anuncio de su nueva, próxima, importante y esperada actualización de la red llamada Alonzo hard fork junto a su incursión en la bolsa de Japón, como solo un par de posibles opciones. Las capacidades de procesamiento más respetuosas con el medio ambiente de la moneda y su debut en el mercado japonés aumentan considerablemente este fervor.

El criptoanalista independiente y YouTuber Lark Davis dijo que, si Cardano cuadruplica su valor, lo cual es francamente posible dadas sus ganancias actuales, alcanzaría la misma capitalización de mercado que Ethereum, incluso; las superaría. Y si aumentara 10 veces, entonces estaría cabeza a cabeza con la criptomoneda más grande de la historia, Bitcoin.

Al parecer, da la impresión de que existiera algo así, como una "Batalla Cripto". Una lucha silente desde la cual se viera la posibilidad de encontrarnos con una moneda virtual, hacerse cargo de Ethereum y Bitcoin. Hablamos de Cardano y de cómo se ha venido en marcha indetenible hacia la cúspide de la red criptográfica.

Cardano ha experimentado una racha fabulosa este año 2010, a pesar de que el mercado de las criptomonedas ha presentado ciertos problemas mucho más recientemente. Son numerosos los inversores que se preguntan a diario y ante estos resultados si Cardano podría llegar a superar tanto a Ethereum como a Bitcoin.

Hay un gran punto a favor que diferencia a Cardano de sobremanera frente a Ethereum y Bitcoin; y es su conocida operatividad respetuosa y comprometida con el medio ambiente.

Según Hoskinson, Cardano, su creación usa únicamente seis gigavatios hora de energía por año.

Entre tanto, Bitcoin y Ethereum se manejan en una conjunción de 180 Tera vatios hora por año. Particularmente, un Tera vatio es igual a 1000 gigavatios, lo cual representa que el consumo energético en paralelo con Cardano es significativamente mayor.

EL SISTEMA o programa de pruebas de participación utilizado por Cardano, limita el número de conectores al momento de comprobar las transacciones. Esta es una facultad operativa que permite optimizar el mantenimiento de la energía comparativamente baja. Además, Cardano procesa hasta 257 transacciones por segundo, en comparación con alrededor de cinco y 15 para Bitcoin y Ethereum, respectivamente.

¿HAY RIESGOS?

Ya sea que estés minando Cardano, Bitcoin o Ethereum, todas estas criptomonedas conllevan riesgos. Esto se debe a que no están regulados, lo que significa que no tendrá protección si algo llegara a salir mal. Sumado a ello, los montos y créditos con facilidad se hacen muy altos en comparación al mercado de elementos de inversión debidamente reglamentados. De esta manera sería mucho el dinero que se podría con extrema rapidez, en conexión con la elevada volatilidad existente en el espectro criptográfico. Por ejemplo, el precio de Cardano cayó a un mínimo de 1,06USD en mayo, por debajo de su máximo de 2,46USD a principios de agosto (2021).

¿Puede Cardano superar a Bitcoin y Ethereum?

Si bien Cardano tiene algunas ventajas, sigue siendo mucho menos valioso que las otras dos criptomonedas. En términos de capitalización de mercado, Cardano está valorado en menos de 88 mil millones USD. Bitcoin tiene una capitalización de mercado de casi 1 billón USD, mientras que Ethereum está valorado en alrededor de 372 mil millones USD. No obstante, la rentabilidad y utilidad generada por Cardano, experimentado en el último y más reciente período del año, ha alcanzado cifras mayores a las creces de Bitcoin y Ethereum. Hasta la fecha del 2018, Cardano ha logrado subir más del 1.400%, Ethereum logra alcanzar niveles de un 330% y Bitcoin, en la punta del iceberg sube un 67%. Ante ello, nos planteamos una interrogante: ¿Está en capacidad de sostener semejante nivel de utilidades a largo plazo?

TEN en cuenta las palabras del reconocido YouTuber, Lark Davis, quien, en su marco como criptoanalista, expresó en su canal digital que, ante la posibilidad de que Cardano cuadruplique su valor, lo que con total facilidad se podrían dar; igualaría su capitalización de mercado a la par con Ethereum. Y si aumentara 10 veces, entonces tendría el mismo límite que Bitcoin. Mientras tanto, otro experto se muestra escéptico sobre las grandes ganancias para Cardano a largo plazo.

"CARDANO ES un barco en una cadena de bloques ascendente y una marea DLT más amplia", dijo al diario The Sun Elizabeth Hunker, asesora de la firma de cadenas de bloques DecentraNET. "Pero su longevidad y/o el potencial lunar a largo plazo es otra cosa completamente distinta, y totalmente dependiente de si su ecosistema Ghost Chain, también conocido como la notable falta de dApps, esto tendría sentido y cobraría vida". Para finales del año 2010, los expertos confían y esperan que Cardano alcance los 5USD, según Coin Price Forecast. Luego, para mediados del año 2025, se prevé que el precio de Cardano se duplique a 10USD. Esto le daría una capitalización implacable de mercado de aproximadamente 316 mil millones USD.

En un año, WalletInvestor prevé que el precio de Cardano

rondará los 4,74USD. En cinco años, el pronóstico se eleva a aproximadamente 12,51USD. Por otra parte, el director ejecutivo de Tesla, Elon Musk, que en ocasiones es influyente en las tendencias del mercado, ha expresado preocupaciones medioambientales sobre Bitcoin. El precio de Bitcoin ha sido volátil desde que Musk dijo que Tesla en mayo dejaría de aceptar pagos representados en esta criptomoneda. Sin embargo, Musk todavía tiene Bitcoin y ha dicho que hay un futuro con la criptomoneda y Tesla. El multimillonario también es dueño de Ethereum, pero no de Cardano.

¿Por qué se dice y se ha popularizado el hecho de que Cardano podría ser el verdugo y "asesino de Ethereum"?

La carrera Cardano-Ethereum es un maratón, no un sprint o esfuerzo de aceleración. Cardano y Ethereum tienen mucho en común. Ambos son tipos de monedas digitales que también funcionan como ecosistemas programables. Eso significa que se pueden construir otras monedas y aplicaciones digitales en sus redes. Estas cryptocurrencies están a su vez viajando hacia el mismo punto final. Pero están tomando rutas y aproximaciones muy diferentes.

El hombre principal detrás de Ethereum es Vitalik Buterin. Cardano fue lanzado por Charles Hoskinson, quien también cofundó Ethereum. Ambos son muy respetados en la industria de las criptomonedas.

Ethereum se lanzó dos años antes que Cardano, y comenzó a funcionar muy bien. Está desarrollando su tecnología a medida que avanza y actualmente está implementando una actualización muy necesaria de Ethereum 2.0 por etapas. Por el contrario, cada paso que toma Cardano es revisado por expertos. Esta prueba exhaustiva significa que se desarrolló mucho más lento que Ethereum.

Cardano se llama a sí mismo una cadena de bloques de tercera generación. Quiere resolver algunos de los problemas de escalabilidad y otros que enfrentan Ethereum y Bitcoin. En lugar de colocar soluciones sobre la tecnología existente, comenzó desde cero y construyó una Blockchain completamente nueva.

Existen dos importantes factores que han de ser tomados muy bien en cuenta. Dos conceptos ilustran los diferentes desafíos que Ethereum y Cardano enfrentan en este momento: contratos inteligentes y prueba de participación.

Recapitulando: Los contratos inteligentes

Pequeñas piezas de código auto-ejecutable que viven en la cadena de bloques. Sin contratos inteligentes, la cadena de bloques solo puede registrar transacciones. Con ellos, realmente puede ejecutar acuerdos. Por ejemplo, es posible que pueda contratar una póliza de seguro inteligente que se pague automáticamente cuando se cumplan ciertas condiciones. Los contratos inteligentes son la salsa secreta detrás de los tokens no fungibles (NFT) y las aplicaciones descentralizadas (Dapps).

Ethereum está ganando la carrera del contrato inteligente. No solo tiene habilitados los contratos inteligentes, sino que más de 2.800 aplicaciones descentralizadas también están utilizando su red. Según State of the Dapps, alrededor del 80% de las Dapps se ejecutan en la red Ethereum.

Por el contrario, Cardano está probando sus capacidades de contrato inteligente en este momento y espera lanzarlas por completo en septiembre de 2021.

Prueba de participación

Sin ser demasiado técnico, las cadenas de bloques son bases de datos sofisticadas que no necesitan un tercero para autenticar los datos. Se aseguran a sí mismos. Pero, para qué funcionen, necesitan un proceso para validar las transacciones y asegurarse de que nadie intente engañar al sistema.

BITCOIN Y ETHEREUM hacen esto a través de un sistema de minería llamado "prueba de trabajo". Esto ha sido criticado recientemente por su alto consumo energético. Y, aunque es súper seguro, también es más lento y costoso que otras formas de validar transacciones. La prueba de participación es una alternativa popular a la prueba de trabajo. Limita la cantidad de energía que consume la moneda y es más rápida y barata.

Cardano fue diseñado para usar prueba de participación desde el principio. Es una criptografía ecológica que utiliza una fracción de la energía de Ethereum y Bitcoin y podrá procesar alrededor de 1 millón de transacciones por segundo. Una vez que se lance, Ethereum 2.0 podrá procesar unas 100.000 transacciones por segundo y utilizará un 99,95% menos de energía de lo que utiliza actualmente. Para poner esas velocidades de transacción en contexto, Visa procesa alrededor de 1.700 transacciones por segundo.

Entonces te cuento el secreto, ¿Podría Cardano superar a Ethereum?

Este año 2021 es crucial para la carrera Cardano-Ethereum. Cardano planea lanzar contratos inteligentes y Ethereum pasará a un modelo de prueba de participación. Mucho depende de si ambos pueden hacerlo sin problemas técnicos.

La ventaja de ser el primero en moverse de Ethereum no se puede exagerar. Incluso si la tecnología de Cardano finalmente resulta ser superior, no significará mucho si la gente no la usa. Cardano puede sentirse cómodo jugando a largo plazo, pero no llegará al final de su roadmap técnica hasta al menos 2025. Y cuatro años es mucho tiempo en la industria de las criptomonedas en tan rápido desarrollo.

Sin embargo, Ethereum está congestionado y las transacciones son caras en este momento. Algunos desarrolladores ya se han alejado de Ethereum debido a la congestión de la red. Será interesante ver cuántos más lo hacen antes de que se implemente la actualización de prueba de participación. Especialmente porque hay varios otros jugadores en el mercado que ya tienen habilitados los contratos inteligentes. La actualización de Ethereum 2.0 ha estado en proceso durante algún tiempo, y el cambio a la prueba de participación no será fácil.

Cardano tiene el potencial de eventualmente superar a Ethereum. Es la diferencia entre re pavimentar o ensanchar una carretera existente y construir una carretera completamente nueva. Pero no hay ninguna razón por la que Ethereum y Cardano no puedan coexistir e incluso trabajar entre sí.

Cardano se centra en las formas en que Blockchain puede resolver problemas reales en los países en desarrollo. Recientemente anunció una gran asociación con el Ministerio de Educación de Etiopía. Ethereum tiene sus ojos puestos en las aplicaciones económicas. Por ejemplo, Visa está utilizando la red Ethereum para liquidar transacciones criptográficas.

Con visiones tan diferentes, existe una buena posibilidad de que ambos se conviertan en ecosistemas de Blockchain exitosos por derecho propio. Y si el mercado de soluciones Blockchain continúa creciendo, habrá mucho espacio para ambos.

Cardano, una plataforma Blockchain impulsada por la moneda ADA, ha sido objeto de un gran revuelo en el mundo de las criptomonedas recientemente, y algunos defensores incondicionales han llegado a calificar a la plataforma como el próximo "Ethereum Killer". No obstante, Cardano tiene algunas deficiencias graves que sirven para resaltar la caracterización persistente de los desvalidos de la plataforma.

PARA QUIENES AÚN NO FORMAN parte del proceso criptográfico, conviene destacar que Cardano es una cripto operada y manejada por una fundación sin intención de fines lucrativos, la cual interactúa de manera muy cercana con la academia para la exploración y mejoría de la mayor parte de los aspectos que constituyen la plataforma Blockchain. ADA es la moneda propia de Cardano, "primera cripto de tercera generación", capaz de dar resolución a la problemática en el dilema de escalabilidad, en relación con las monedas que representan generaciones previas o antes a Cardano, entre ellas Bitcoin y Ethereum.

BITCOIN RECIBIÓ suficientes críticas recientemente por el exorbitante consumo de energía de su red. En el corazón de este problema se encuentra el mecanismo de minería Proof of Work de Bitcoin, donde los mineros gastan poder computacional realizando cálculos criptográficos para tener la ocasión de legalizar una determinada transacción para posteriormente procesarla en la Blockchain. Sumado a ello, todas y cada una de las operaciones, ha de ser debe replicada en todos y cada uno de los nodos: Equipos computarizados que procesan software de ejecución de Bitcoin y acumulan toda la Blockchain.

A diferencia de Bitcoin, el algoritmo Ouroboros de Cardano utiliza un mecanismo de autenticación de prueba de participación en el que una colección de nodos está a cargo de un líder que valida las transacciones y luego incorpora esas transacciones en la cadena de bloques de Cardano.

Ahora, la escalabilidad de la red Blockchain es algo con lo que todas las criptomonedas tienen que lidiar. La red Bitcoin Lightning tiene como objetivo aumentar el poder de procesamiento de la criptomoneda más grande del mundo agregando otra capa al ecosistema de Bitcoin, el cual da mayor velocidad a los trámites de operaciones evadiendo la Blockchain, permitiendo así, la transmisión de Bitcoins entre wallets de manera inmediata y libre de tarifas mancomunadas. Desde luego, el crédito de cierre para una serie de trámites de forma bilateral en Lightning Network aún requeria registrarse en la Blockchain de Bitcoin.

De la misma manera que lo viene haciendo Cardano, Ethereum se activa en un movimiento dirigido a un módulo de Prueba de participación. Ethereum 2.0, que se espera esté completamente implementado para fines de 2022, incorporará dos cambios fundamentales: fragmentación y participación. Bajo fragmentación, la cadena de bloques Ethereum se dividirá en "fragmentos" distintos. Todos estos fragmentos se comportan al igual que una Blockchain autónoma, dando espacio a sus bloques propios de Smart Contract y validadores de transacciones.

De igual manera, para dar forma a un acuerdo dentro de la red, quienes cumplen la función de "mineros" para Ethereum 2.0 de manera sencilla harán apuestas o se cerrarán mediante bloqueo a una cierta y determinada cantidad de Ether dentro de los nodos maestros. El incentivo a dicho procesamiento de transacciones será distribuido conforme a la cantidad de Ether que haya sido puesto en juego por un autenticador. Son dos los cambios de importancia que con plena seguridad incrementarán la fuerza de procesamiento dentro la red Ethereum a más de unas 100.000 transacciones cada segundo y, al mismo momento, comprimirán de manera contundente una marca particular de poder.

ESTO NOS LLEVA al meollo del asunto. Cada actualización relevante de la red Cardano se revisa en pares, lo que garantiza una optima ejecución del sistema. Además, Cardano también está destacando en la carrera de poder de procesamiento de las transacciones. Un sencillo ejemplo, la resolución de escalado de capa 2 en la red, también distinguida como Hydra, acrecentaría su fuerza de proceso hasta en 1 millón de transacciones por segundo.

Esto significa que Cardano podría procesar 10 veces más transacciones que las procesadas por Ethereum 2.0. A pesar de ello, Ethereum se destaca por ganar la competición de los Smart Contract y dApps, aplicaciones procesadas tras un puntual sistema informático descentralizado como una Blockchain. Si bien se espera que Cardano lance la funcionalidad de contratos inteligentes, conocida como actualización Alonzo, Ethereum ya presenta 2.822 dAps, correspondientes al 78,3 por ciento de todo el ecosistema.

. . .

Aunque Cardano tiene una ventaja en lo que respecta al poder de procesamiento de transacciones, sería muy difícil (para la blockchain a surgir) usurpar la ventaja de ser el primero en moverse de Ethereum en relación con los contratos inteligentes y las dApps. En consecuencia, no creo que Cardano esté a punto de convertirse en un "Asesino de Ethereum" en el corto plazo.

Por supuesto, como hemos presenciado a lo largo de este año durante la saga de acciones de memes, la exageración es una fuerza muy potente. Y Cardano parece estar obteniendo una gran cantidad de publicidad gracias a las ganancias del 894 por ciento de ADA en lo que va del año. En contraste, la moneda Ether de Ethereum ha registrado una ganancia mucho más modesta del 217% durante el mismo período de tiempo. De mantenerse este tipo de ponderación, los encargados de desarrollar dApps llegarían a percibir una recompensa lo sobradamente alta para iniciarse a apuntar hacia Cardano con una actitud y determinación contundente, logrando así prescindir progresivamente la superioridad competitiva representada por Ethereum.

7

SELECCIÓN DE LOS MEJORES PROYECTOS DE CARDANO DE LOS CUALES PEDES OBTENER GRANDES GANANCIAS

E n su dinámica constante de formación, confección y ejecución, por parte de su equipo multidisciplinario de formación, Cardano ADA, ha visto y es consciente de la necesidad que tienen y requiere su maravillosa plataforma criptográfica; toda vez que busca una presencia palpable y 100% consistente y participativa, dando la oportunidad a su misma comunidad cripto, de construir desde sus propios programas de desarrollo, proyectos de cambio que le impulse en maratón incansable con visión a mantenerse y superar su posición como la tercera mejor moneda digital del mundo.

Cardano - ADA, según su creador Charles Hoskinson; cuenta

actualmente con más de 100 proyectos comerciales en su haber.

El CEO de IOG, Charles Hoskinson, señaló hace ya algunos meses, que su plataforma Blockchain de tercera generación, Cardano - ADA, tiene más de 100 proyectos comerciales en trámite.

Su token nativo de Cardano, ADA; ha estado imprimiendo un desempeño de precios significativo desde principios de año. Hemos podido apreciar cómo ADA se ha venido cotizando con importantes aumentos progresivos en su precio de cotización en el mercado.

Además, según CoinMarketCap, ADA ha registrado un aumento de precios de más del 400% hasta la fecha. Este magnífico desempeño plantea interrogantes sobre qué podría haber iniciado la tendencia positiva.

En su cartera, Cardano cuenta ya con más de 100 proyectos de desarrollo comercial en cartera. Charles Hoskinson, afirmó que el valor fundamental del proyecto siempre ha sido evidente, y que por el momento se cuenta con algo más de 100 importantes proyectos operativos participativos comerciales estructurándose para Cardano. Hoskinson dijo que, en este preciso momento, tengo para Cardano; un inventario superior a más de 100 proyectos comerciales en trámite que desean desde ya, migrar o construir directo desde Cardano.

Como lo hizo saber anteriormente Herald Sheets, SingularityNET (AGI), una solución de Inteligencia Artificial (AI) construida sobre la cadena de bloques Ethereum, ha comenzado su segunda fase de migración a la cadena de bloques Cardano. Ese parece ser un buen comienzo, ya que la comunidad está a la espera de la Goguen.

Según IOG, este será el primer lanzamiento importante de tokens en la plataforma de contrato inteligente. Al mismo tiempo, es el ejercicio democrático más grande en la historia de la Inteligencia Artificial (IA) descentralizada. Como bien lo dijo el jefe de IOG, estas partes interesadas no se limitan a los protocolos de finanzas descentralizadas (DeFi) y los proyectos de cifrado. Por su parte Hoskinson enfatizó que, en Cardano, se tiene intereses de Fortune 500 y también grandes intereses del gobierno.

Por su parte, John O'Connor, director de Operaciones Africanas de IOG, anunció que Cardano ADA, está a punto de conseguir un contrato con un gobierno africano. Aunque el progreso del desarrollo aún no se ha revelado, el proyecto Blockchain es optimista de dar la bienvenida a millones de usuarios al ecosistema de Cardano, que crece enormemente, para su uso en el mundo real.

La red de criptomonedas descentralizada fundada por Hoskinson, que pretende liderar el espacio DeFi mediante el desarrollo de asociaciones en el continente africano. Los organizadores de la Blockchain Africa Conference 2021 hicieron un anuncio sobre Charles Hoskinson, fundador y director ejecutivo de IOG e inventor de Cardano, quien pronunció un discurso sobre los "Proyectos de Desarrollo Cardano en el Continente Africano".

Hoskinson también anunció en la Conferencia Blockchain África que Cardano estaba cerca de acuerdos e iniciativas. Admirado por la demografía de África, específicamente en Etiopía, donde el número de habitantes al 1º de enero de 2021 es de 21,45 mil millones de habitantes. Hoskinson dijo que el sector DeFi ganaría cerca de 100 millones de usuarios en los próximos tres años aprovechando el potencial del mercado de los países en desarrollo.

En un análisis sobre el caso de uso de Cardano en África, Charles Hoskinson habló en referencia al plan de implementación para el soporte de contrato inteligente de Cardano durante la conferencia virtual "Cardano360", revelando a fines del año pasado que la compañía estaba trabajando en un varios proyectos de desarrollo que involucran a Cardano y que están dirigidos exclusivamente a África.

Con respecto a Sudáfrica, Cardano está trabajando un proyecto centrado en la identidad de los seguros para millones en el país densamente poblado; se estima que se pueden incorporar 100 millones de usuarios en la primera etapa. Las opiniones expresadas en FXStreet son las de los autores individuales y no necesariamente representan la opinión de FXStreet o su administración. En cuanto a la resistencia, los especuladores encontrarán una cantidad menor entre 1,25USD y 1,27USD antes de que se abran los cielos.

· · ·

CHARLES HOSKINSON, director ejecutivo de IOHK y director de la cadena de bloques Cardano, reveló recientemente en un video de YouTube que el enfoque de desarrollo a largo plazo de la empresa dependerá principalmente de África. África ha sido durante mucho tiempo un bloque económico ignorado a pesar de su enorme potencial.

En el año 2019, Emurgo, socio de IOHK, publicó sobre SMART África, una iniciativa para unir a todos los países africanos en un único mercado digital, el cual ADA podría ejecutar. Los esfuerzos de Cardano en África son de amplio alcance. En un nuevo video titulado "Reflexiones sobre Roadmap", el CEO de IOHK (Input Output Hong Kong) Global compartió cómo ADA planea escalar en África: "Vamos a aumentar los recursos allí a ocho cifras, pues vienen muy buenas noticias". FXStreet no aceptará responsabilidad por ninguna pérdida o daño, incluyendo sin limitación a, cualquier pérdida de ganancias, que pueda surgir directa o indirectamente del uso o dependencia de dicha información. Los datos de ADA Pools muestran que, en total, se han apostado más de 22.200 millones de Cardano.

SIENDO África el continente en segundo lugar con el mayor índice demográfico en el mundo, lo podría convertir en la futura región líder de las finanzas descentralizadas. Si te decides a negociar con divisas, es oportuno que primero consideres de manera muy cuidadosa; cuáles son esos objetivos de inversión que tienes en proyecto, cuál es tu nivel de experiencia y la identificación real de tu afán por el riesgo. Es importante tener en cuenta que lees un conjunto de opiniones y puntos de vista que no reflejan necesariamente la política propia o posición oficial de FX Street u organizaciones afines.

Sobre su desarrollo de proyecto en África, Hoskinson solo pide un poco de paciencia y asegura que se están aprovechando de Atala Prism para implementar una solución de identidad a favor de las personas no bancarizadas de África.

. . .

CHARLES HOSKINSON, hizo saber que IOHK ha enviado una solicitud oficial a la junta de la Fundación Cardano para establecer una estrategia clara y concisa para África y Japón. El token ADA de Cardano logró extenderse al rally que lo ha convertido en uno de los criptoactivos de mejor desempeño del año, ayudado por la emoción que rodea la próxima cotización de las acciones de Coinbase en Nasdaq. En el pasado, Charles Hoskinson, ha hablado del enorme potencial del continente africano para la adaptación de la tecnología Blockchain, sobre la cual tiene gran confianza y excelentes expectativas.

El alto grado de apalancamiento puede funcionar tanto en su contra como en su favor. Hablando en la Blockchain Africa Conference, CEO de IOHK, Charles Hoskinson reveló una noticia alcista, sobre la hoja de ruta. Hoskinson comparte que IOHK (Input Output Hong Kong) Global tiene la intención de escalar en tamaño alrededor del mundo, con un enfoque en el crecimiento de su negocio en África. Cardano tiene más de 100 proyectos comerciales en trámite, dice Hoskinson.

Cardano ha tenido una fuerte existencia en África durante años, su equipo está explorando expandirse a otros países africanos con planes para establecer un laboratorio. La organización debe hacer su propia investigación exhaustiva antes de tomar cualquier decisión de inversión. IOHK, la empresa detrás de Cardano, es una de las pocas empresas que trabajan activamente en África.

El director de Operaciones Africanas de IOHK, John O'Connor, anunció que Cardano está a punto de conseguir un contrato con el gobierno etíope en África. COTI ha recibido 500.000USD de cFund, lo que marca la primera inversión realizada por el fondo de riesgo respaldado por Cardano, la red detrás de la tercera mayor criptomoneda actual. Cardano - ADA, bien podría estar vinculado al futuro de África, como lo reveló Hoskinson. IOG abrió su primera oficina en África en Etiopía dos años después del inicio de la construcción del protocolo Cardano.

El fundador de Cardano, está actualizando a la comunidad criptográfica sobre los planes de la compañía para expandir las operaciones. Sobre el enfoque digital de África, se trata de un continente extremadamente joven con un gran enfoque en los desarrollos digitales. Muchos expertos especulan en torno a las noticias de Cardano África, llevándolos a creer que tiene que ver con la implementación de la tecnología Blockchain en el ecosistema agrícola a través de vales de fertilizantes y demás servicios y trabajos de la tierra.

También se está trabajando en 5 países más, incluidos Kenia, Nigeria, Sudáfrica, Tanzania y Etiopía. Después de constituir relaciones locales, capacitar al personal y superar obstáculos; la plataforma se encontraría en un punto de inflexión dentro del continente. Pero, sin el visto bueno de la otra parte, Cardano está obligado a mantener los detalles de sus desarrollos en secreto por los momentos.

Ahora, usando una definición estándar de un movimiento medido, ADA podría alcanzar los 5,50USD y posicionarla fácilmente como una de las criptomonedas más destacadas por capitalización de mercado. IOHK, es una de las pocas empresas que trabajan activamente en África. Su presencia requiere una inversión en la construcción de infraestructuras digitales como redes ópticas, centros de datos y satélites.

Son varias las regiones de África que podrán contar con una solución de cadena de bloques del mundo real que proporcionará la infraestructura necesaria para garantizar un amplio alcance, al igual que las perspectivas sobre Smart Africa y Tanzania. Con ello el comercio de divisas al margen del protocolo Cardano conlleva un alto nivel de experiencia y países con apetito por el riesgo, considerando proyectos de desarrollo que, con suerte, se establecerán en laboratorio de acuerdos e iniciativas a través de su público participativo.

África se encuentra en centro-punto o en blanco para inyección, incursión, planificación y desarrollo de Cardano a favor de una región considerada de gran importancia para su expansión desde el punto de vista económico digital, con la implementación de Cardano ADA en la región, grandes cambios de grandeza afectarán solo en positivo.

¿Qué hay de especial tras los más de 100 proyectos en desarrollo Cardano?

Cardano ADA, se ha convertido en el tema más discutido en el mundo de las criptomonedas en la actualidad, ya que su token ADA, que es una moneda alternativa que emerge rápidamente, se ubica entre las tres principales criptos del mundo. Con un potencial muy alto, Cardano ha atraído el potencial de los inversores, mientras que los analistas de mercado son optimistas sobre la moneda.

Impulsando este intenso crecimiento de la cadena de boques de Cardano, recientemente su CEO Charles Hoskinson dijo que la compañía está involucrada actualmente en más de 100 proyectos en los que está trabajando. Al comentar sobre el extenso crecimiento de Cardano en una entrevista reciente, dijo: "Tengo más de cien proyectos comerciales en trámite que quieren migrar o construir algo en Cardano".

Los datos de CoinMarketCap sobre Cardano son fascinantes de escuchar, ya que dice que Cardano ha ganado más del 400% desde el año pasado hasta la fecha. Además, con estos más de 100 proyectos en marcha, no se puede esperar nada más que un repunte en su honesto crecimiento.

¿Cuáles son estos más de 100 proyectos?

Por supuesto, Cardano aún no ha revelado todos sus más de 100 proyectos, pero se dieron ideas sobre algunos de ellos. Estos proyectos pueden tener el potencial de revolucionar la criptoesfera y, al mismo tiempo, surgen especulaciones sobre si todos ellos se implementarán en primer lugar.

Una solución de inteligencia artificial (IA) SingularityNET (AGI) reveló recientemente que se ha comprometido con Cardano para continuar su segunda fase de migración a la cadena de bloques de Cardano. Este es uno de los proyectos que, según Hoskinson, ha estado en trámite.

SingularityNET anunció que crearía mil millones de nuevos tokens AGI en la cadena de bloques de Cardano. Según IOHK, este será el primer lanzamiento importante de tokens en la plataforma Cardano Native Assets y es el ejercicio democrático más grande en la historia de la IA descentralizada.

Al comentar más sobre el proyecto, los desarrolladores de Cardano declararon que este será el ejercicio democrático más alto en IA y el primer token principal que se lanzará en la plataforma de contrato inteligente.

Además del proyecto mencionado, habrá proyectos que abarquen criptomonedas y protocolos de finanzas descentralizadas (DeFi), según Hoskinson. Dijo que el gobierno, así como las empresas de Fortune 500, están interesados en estos proyectos, teniendo interés en Fortune 500 e interés en el gobierno.

EL INTERÉS de Cardano en África, ya visto en detalles

EL CEO DE CARDANO destacó el hecho de que hay muchas oportunidades disponibles en los mercados africanos emergentes y esas oportunidades deben ejecutarse bien. En su declaración sobre el interés del gobierno, se refería al de los gobiernos africanos.

Durante la segunda semana del pasado mes de febrero, el director de operaciones africanas de IOHK , John O'Connor, anunció que Cardano está a punto de conseguir un contrato con el gobierno etíope en África. Pero no especificó sobre el nivel de desarrollo del proyecto.

Esto puede considerarse como una señal de que la plataforma ha abierto sus brazos para dar la bienvenida a varias asociaciones y otros proyectos que desean utilizar la plataforma de Cardano para expandir sus productos.

EXPECTATIVAS CON RESPECTO a Goguen

. . .

A MEDIDA que pasa el tiempo, continúan creciendo las expectativas sobre la próxima gran actualización importante que tendrá la red de Cardano. Conocida como "La era de Goguen", que traería consigo la posibilidad de operar Smart Contracts en su Blockchain, abriendo el camino para aplicaciones descentralizadas (Dapps) y diversas posibilidades de uso.

DENTRO DE LOS múltiples aspectos que tienden a fundar el mayor índice de expectativas y esperanzas referentes a Cardano, se encuentra el sustento tecnológico a favor de los activos digitales representados en otras redes, como la probabilidad de emigrar hacia nuevos proyectos desarrollados en distintos lenguajes de programación, como es el caso de Solidity; para dar inicio a trámites en red descentralizada.

Entre tanto, el token ADA de Cardano, ha capitalizado importantes ganancias, aumentando en importantes porcentajes en tiempos recientes.

PREDICCIÓN DE PRECIOS **ADA**

CARDANO TUVO un repunte masivo en 2021 y se mantuvo en una tendencia alcista diaria a pesar de la reciente liquidación. Ahora, después de que los alcistas de la ADA mantuvieran un nivel de soporte clave, Cardano está listo para una nueva etapa, potencialmente a nuevos máximos históricos por encima de 1,48USD. Según apreciaciones de FXStreet en su predicción de precios.

Según CoinPedia, Cardano se dará cuenta de su aumento de valor más alto durante todo el año y podría registrar un nuevo récord histórico. Para finales del año 2021, se proyecta la posibilidad de que ADA podría alcanzar los 10,00USD, siendo probable el inicio de un 2022 con un precio rondando los 12,00USD.

Los nuevos proyectos para Cardano podrían cambiar las reglas del juego

El token nativo de Cardano, ADA, ha aumentado más de 700% en valor durante este año, llegando a más de 2,50USD en valor real y por demás, esperado. Además, los NFT generaron mucho revuelo y la locura que los rodeaba no deja de ser atractiva e interesante.

RECONOCIDO COMO NEGOCIADOR DE CRIPTOMONEDAS, Lark Davis ha tenido la valentía de predecir todo un despliegue de opiniones cripto-digitales totalmente categóricas, prometiendo a sus inversores iniciales, rendimientos relevantes no vistos en este proceso.

El equipo de desarrollo de la cadena de bloques de Cardano ya ha revelado nueva información sobre el lanzamiento del contrato inteligente. Tras el lanzamiento de su protocolo Mary en marzo, Cardano de Charles Hoskinson ha anunciado que su actualización de Alonzo estará disponible para el próximo mes de septiembre.

La adición de contratos inteligentes a Cardano daría como resultado una avalancha de nuevas empresas, lo que podría recompensar a los inversores y, por lo tanto, crear nuevas oportunidades de ingresos.

SEGÚN LARK DAVIS, los contratos inteligentes llegarán a la red principal para Cardano probablemente en septiembre, suponiendo que no haya retrasos con su Roadmap, así que estamos a punto de ver esta justa explosión de nuevos proyectos que llegarán a Cardano en solo cuestión de días a partir de la fecha.

Definitivamente, Elrond decidió publicar su primera instantánea de Maiar Exchange, encontrándose de igual manera en el radar de Davis. Todo ello les dará la posibilidad a las primeras gráficas de EGLD, comprobar como crecen sus fondos de tokens de gobernanza MEX.

Contando con el número más alto de tokens esparcidos por EGLD, el token de gobernanza MEX, le dará al grupo la oportunidad de tomar ciertas y determinadas decisiones. Y también el lanzamiento de su mecanismo de recaudación de fondos, plataforma de lanzamiento en la cadena de bloques, lo cual representa otro gran valor para el token.

Según Davis, la plataforma de lanzamiento de Elrond introducirá una nueva ola de tokens en el universo de Elrond.

PARA DAVIS, se está haciendo entrada a grandes eventos de Solana (SOL), todo ello motivado a su gran movimiento, tarifas atractivas y dimensiones. Solana propiamente dicha, se decide en construir desde si misma, conforme el ecosistema se hace un mundo más amplio; sin caer en compromisos de alta censura. Tomando en cuenta que el activo propio de Solana se mantiene optimista, esto no será la que se convertirá en sus mayores utilidades.

Los conocidos Non Fungibles Tokens (NFT), que representan activos digitales exclusivos, muy utilizados para hacer ver arte digital, boletería, inmobiliarias entre mucho más, representan una maravillosa tendencia que, para el YouTuber, continuarán dando beneficios a los muchos inversores.

PARA DAVIS, los NFT representan una propuesta poderosa de valor dentro del mercado recreativo (juego) del criptomundo, en el cual estos activos virtuales se compran de manera cotidiana, son vendidos y también se intercambian; de la misma forma que en la industria deportiva, en la cual cada tarjeta digital o pieza coleccionable suelen ser bastante habituales.

Dentro de los múltiples planes de desarrollo, Cardano tendrá primer proyecto de Big Data tras una importante inversión de 3.4 millones USD.

. . .

IAGON COMENZARÁ A DESARROLLAR la primera plataforma de Big Data en la Blockchain Cardano. La startup desarrollará una plataforma de almacenamiento en la nube totalmente descentralizada. Mientras, el token ADA continúa aumentado su valor día tras día, paulatinamente; manteniéndose en su privilegiado tercer lugar como mejor moneda digital del mundo.

Mediante un número importante de inversores, el startup a la par con su tecnología, se ha permitido través de múltiples inversores, la startup tecnológica ha logrado generar los recursos requeridos para la autogestión de sus planes, estos listos a ser ejecutados en la red Cardano. Navjit Dhaliwal, quien tiene el privilegio de ser fundador de IAGON, festejó dicho alcance y se expresó al afirmar que gracias al respaldo recibido en el mundo cripto, todo estará dispuesto para ofrecer una verdadera y reconocida opción descentralizada a favor de demandas computacionales en la nube, tales como Amazon Web Services (AWS) y demás tecnologías utilizables en las Big Tech hoy por hoy.

COMPRENDIENDO el proyecto de desarrollo IAGON

IAGON se encuentra en el marco de progreso ante una plataforma en la nube descentralizada la cual admitirá ingresar a información y registros en cualquier ambiente y tiempo, con la propuesta de mayor seguridad y coincidencia sobre los servicios habidos en la nube. Sumado a ello, todos sus nuevos y próximos hosts tendrán la posibilidad de ser beneficiados con tarifas especiales y capacidad exclusiva de almacenaje en la red.

El consultor de negocios de IAGON, Darren Camas, emitió comentarios sobre cómo la información en la nube ha cambiado la estructura de costos del almacenamiento de datos, destacando la filosofía de la empresa de crear un mercado de recursos informáticos distribuidos y descentralizados a través de la Blockchain de Cardano.

A su vez, por otra parte, el proyecto Big Data es totalmente impráctico en otras Blockchain como Ethereum, debido a los altos costos de comisiones en la red.

. . .

Movimientos del precio de ADA

El token ADA, nativo de la red Cardano, tuvo uno de los mejores rendimientos vistos en el mercado cripto en los últimos meses. La criptomoneda tiene una apreciación superior al 1.600% en comparación con julio del año pasado, según datos de CoinGecko.

Cercanos a lo que serán las novedosas y futuras actualizaciones de la Blockchain de Cardano, las cuales contarán con stablecoins, Smart Contracts y NFT, de igual manera que alianza con entes gubernamentales y empresas privadas, ADA logra un nivel máximo histórico de 2,55USD para el mes de agosto de este año (Momento de redacción).

A pesar de las caídas generales observadas en las últimas semanas en el mercado cripto, ADA logró mantenerse entre las cinco principales criptomonedas con el valor más alto del mercado.

Algunos desarrollos disponibles en Cardano, aporte de su propia comunidad

Cardano Wall

Demuestra varios casos de uso de datos de transacciones. Puede firmar mensajes y crear pruebas de existencia para archivos.

Crypto Mage

Este juego se centra en magos increíbles que crean magia, aumentan sus habilidades, encuentran tótems, aprenden manualidades, completan misiones y mucho más.

Daedalus

Daedalus es un nodo completo y desarrollado por IOHK, una de las entidades fundadoras de Cardano.

Gimbalabs

Gimbalabs es una comunidad colaborativa y un espacio donde se desarrollan dApps y herramientas OpenSource en el "Playground"

(Experiencias de Aprendizaje Basado en Proyectos). ¡Todos son bienvenidos a unirse todos los martes a las 4 p.m. UTC!

NFT Maker

Cree su propio NFT cargando una imagen y pagando un ADA.

NOWPayments

Proveedor de pasarela de pago para aceptar pagos ADA y donaciones ADA.

PoolTool Mobile

Explore Cardano, realice un seguimiento de sus recompensas y reciba notificaciones para tomar medidas en ciertos eventos.

H.Y.P.E. Skulls

¡Un nuevo nivel de NFT coleccionable está llegando a la red Cardano! 1.500 cartas animadas en 3D únicas con el cráneo HYPE. No hay dos iguales. Siempre hecho a mano. Nunca automatizado.

Transaction Meta Data Browser

Explore y busque diferentes tipos de metadatos de transacciones en Cardano.

ADA Dolls

Hay 10,000 muñecos únicos. Estos se generarán aleatoriamente a partir de un posible resultado de 1,000,000 de combinaciones de muñecas.

Cardano Bits

Una colección de 10,000 piezas únicas, acuñadas con una política de tiempo limitado, antes de que se lanzaran los contratos inteligentes. Cada coleccionable se generó con una combinación de piezas de arte y algoritmos informáticos.

ADA Pools

Explorador de grupos de interés bien establecido en Cardano. Yoroi está usando nuestros datos para enumerar los grupos de interés en la billetera.

Atomic Wallet

Billetera de múltiples criptomonedas que admite Cardano. Durante la integración, contribuyeron con código a la biblioteca Cardano Rust.

. . .

LA IMPORTANCIA de ADA como Proyecto de Desarrollo a favor del ecosistema Cardano

CARDANO, la primera cadena de bloques de tercera generación que surge de un enfoque de investigación inicial, utiliza ADA como su token de criptomoneda nativo. A pesar de que ADA está en el centro del ecosistema de Cardano, es posible que la razón de su existencia no siempre sea clara.

PARA LOS INICIADOS y conocedores de Cardano, es importante comprender el propósito de esta criptomoneda. ¿Por qué es importante la ADA? ¿Para qué se necesita? Veamos algunas razones principales por las que ADA es fundamental para el ecosistema de Cardano y cómo EMURGO está construyendo productos para respaldar un ecosistema de ADA de Cardano desarrollado.

En primer lugar, se necesita ADA para apostar. La participación existe porque Cardano es una cadena de bloques de prueba de participación (PoS). Para entender cómo funciona esto de manera simple, usamos previamente el ejemplo de un supermercado. En un supermercado, hay varias cajas. Cada caja está a cargo de un cajero. Estos cajeros escanean cestas de bienes y los cajeros son recompensados con dinero o activos por hacerlo.

Dentro de Cardano, cada cajero es un operador de grupo de interés. Cada pago es un grupo de interés. Una canasta de productos es un grupo de transacciones que se agrupan en un bloque, que se agregan a la cadena de bloques de Cardano de forma permanente una vez que los cajeros las escanean y se valida que sean correctas. Dentro del supermercado Cardano, hay espacio para dar soporte a 1.000 cajeros y cajas. Estos cajeros necesitarán usar un equipo especial para operar una caja las 24 horas del día, los 7 días de la semana y mantener actualizada la cadena de bloques de Cardano. El Blockchain de Cardano es un supermercado que nunca cierra.

Sin embargo, no todos los propietarios de ADA quieren realizar una caja. Algunas personas querrán ayudar a que funcionen las cajas sin iniciar una. Por eso es importante apostar. Los usuarios normales y diarios de Cardano pueden delegar sus recursos de ADA (su participación) en determinadas cajas. Esto permite a los cajeros ampliar sus cajas a un tamaño saludable y aumentar sus posibilidades de que un cliente con una canasta de productos visite su caja. Por su esfuerzo, los cajeros (operadores de grupos de interés) son recompensados con ADA.

Sin esta recompensa, los cajeros que trabajan duro renunciarían y la cadena de bloques Cardano no podría continuar. Para las personas que apuestan sus recursos o monedas a estos pagos, también reciben una recompensa. Esto significa que las personas obtienen ADA por apostar como mecanismo de incentivo.

CARDANO ADA PERMITE transferencias de valor

DESPUÉS DE SER RECOMPENSADOS con ADA, los cajeros tienen derecho a transferirlo o retenerlo como lo deseen. Los cajeros o los operadores del grupo de participación, las personas que ayudan a los cajeros, delegados de participación y cualquier otra persona que sea propietaria de ADA tiene derecho a transferir valor a cualquier persona con una dirección de ADA. El titular de la ADA simplemente necesita saber la dirección pública de la persona a la que está enviando el valor, al igual que enviar valor a una dirección de correo electrónico.

Hay muchos ejemplos de transferencias de valor que podrían ocurrir. Recientemente, Emurgo trajo criptopagos utilizando ADA a través de Yoroi ADA Wallet desarrollado por Emurgo al famoso restaurante del comediante japonés Kenji Tamura, "Charcoal Grill BBQ Tamura". Esto significa que cualquiera puede pagar por un artículo del menú con algo de ADA. Hay muchos otros ejemplos de comerciantes, restaurantes y puntos de venta que han aceptado ADA como forma de pago, incluida la campaña ADA Crypto Card de

Emurho que se agotó con éxito en Corea del Sur a principios de este año.

Emurgo actualiza constantemente Yoroi Wallet para Android, iOS, Chrome y Firefox para que la transferencia de ADA sea una experiencia fluida, simple y segura para todos los usuarios. Es una herramienta gratuita y esencial desarrollada para que los usuarios almacenen, envíen y reciban ADA, lo que permite que Yoroi Wallet sea la puerta de entrada financiera al futuro.

Además, Emurgo también está apoyando a Syre de Cardano Fellow Robert Kornacki a través de su programa de aceleración dLab / Emurgo. Syre es un protocolo pionero basado en facturas sin token diseñado para hacer que el envío de ADA sea fácil y sin preocupaciones para los usuarios al eliminar cualquier inquietud sobre la confirmación de las direcciones de billetera ADA del destinatario, y será aplicable a Cardano ADA además de otras cadenas de bloques.

Se necesitará Cardano ADA para contratos inteligentes

Los contratos inteligentes son una característica planificada de Cardano en el futuro próximo. Cada compra o transacción que hacemos a diario cuenta una historia. Algunas historias son sencillas. Una puede ser la historia de una persona que compra su café matutino. Otra historia podría ser el pago de una hipoteca o un préstamo. Estas historias son más complejas.

Cada historia necesita un guion. Esto significa crear un conjunto significativo de reglas y pautas que permitan que se realicen transferencias de valor. Los contratos inteligentes escriben los guiones necesarios para estas historias. ADA de Cardano serán los actores del guion. Esta es la tercera razón por la que existe ADA. A principios de abril del año 2019, Emurgo anunció el desarrollo de Seiza, un explorador de cadenas de bloques de Cardano con nuevas funciones, que se lanzó posteriormente para uso público en mayo del año 2019.

Seiza permitirá a los usuarios rastrear sus transacciones de ADA y otra información vital relacionada con la cadena de bloques de Cardano, incluida historiales de billetera, direcciones, tamaño de bloque y grupos de interés, entre otros. Este producto esencial de Cardano ADA se volverá cada vez más importante a medida que Cardano avanza hacia la descentralización total con participación, grupos de interés y mayor liquidez de ADA.

Cardano ADA un tesoro con libertad

En un sistema democrático, cada persona tiene voz. Esta voz permite que una persona vote para elegir a los funcionarios, cambiar las leyes y opinar sobre cómo funciona su país. Este sistema democrático está descentralizado por naturaleza. En verdadera democracia, se elige mediante elecciones justas que cuentan con espacios a novel del todo el país, las cuales no deberían ser alienadas por algún individuo influyente. Quienes poseen o se interesan en ADA vendrían a ser como sus ciudadanos, aquellos que darían vida a la red Cardano.

Esto significa que todas las partes interesadas tienen voz. Si cada persona que posee ADA actúa en su propio interés, querrá lo que mejore a Cardano en su conjunto. Esto hará que Cardano sea más valioso como una cadena de bloques pública. Esto sería similar a los ciudadanos que votan por funcionarios que prometen mejorar las carreteras y vías fluviales de un país. Estas mejoras benefician a todos.

Las mejoras de Cardano algún día serán financiadas por una tesorería y son importantes para la sostenibilidad del ecosistema de Cardano. Esto significa que la ADA se confiará a los partidos que trabajan por el mejoramiento del ecosistema, según lo votado por los ciudadanos de Cardano, los titulares de la ADA.

Si bien el papel de ADA no siempre está claro a primera vista, hay una serie de funciones centrales que desempeña la criptomoneda nativa en el ecosistema de Cardano. No hay una sola razón para ADA, sin embargo, es oportuno exponer pilares clave que explican el propósito de ADA junto con las estrategias de Emurgo para apoyar el ecosistema Cardano ADA con el desarrollo de productos.

Al mismo tiempo, con el amanecer de Shelley llega la futura era de un Cardano completamente descentralizado. Esta era marcará el comienzo de muchas oportunidades nuevas, lo que permitirá que cualquiera ayude a participar para mantener descentralizada la cadena de bloques de Cardano. Las fases del desarrollo de Cardano se pueden ver claramente en el Roadmap de Cardano, una criptomoneda que se llena de poder.

GENERANDO GANANCIAS PASIVAS CON CARDANO Y OTRAS CRIPTOMONEDAS

C omo te habrás dado cuenta a lo largo del desarrollo del libro, actualmente hay varias maneras de generar dinero con las criptomonedas, hay muchas oportunidades. Mientras que hay algunas que son mas riesgosas (y dependen de tu habilidad) como el trading, las plataformas DeFi, etc, hay otras que son mas recomendadas y menos riesgosas, como por ejemplo realizar Hodl (mantener) de una criptomoneda y esperar que su precio suba, si bien este modelo de ganancia es absolutamente pasivo y especulativo, ya que es una estrategia a largo plazo, tenemos otras estrategias que también podrán ayudarte a generar ingresos pasivos, como lo es la estrategia que te voy a presentar a continuación.

Esta estrategia existe hace muchos años, es muy utilizada por los bancos actualmente, aunque en un mayor porcentaje de ganancia, **esta es generar interés con tus activos.**

En el mundo de las criptomonedas ya existe esta modalidad y esta liderada por una de las empresas mas confiables del ambiente: **BlockFi**, la cual esta amparada por el exchange Gemini y personas tan reconocidas en el ambiente como Anthony Pompliano.

BlockFi nos permite transferir nuestros fondos a la plataforma y generar un interés anual que va del 6% (para criptomonedas como Bitcoin) o de casi el 10% con stablecoins (que son criptomonedas que están 1 a 1 con el dólar, como lo son el USDT y USDC por nombrar alfgunas)

Si te interesa esta modalidad, puedes abrir una cuenta de **BlockFi** en el siguiente enlace y **ganar $250 de Bitcoin gratis:**

Ingresa a BlockFi aquí y gana hasta $250 en Bitcoin

En caso de que estes leyendo este libro en la version impresa puedes escanear el siguiente código QR con tu móvil:

LO MAS IMPORTANTE A TENER EN CUENTA CON CARDANO

ara concluir con este libro, quisiera agradecerte por tomarte el tiempo de leerlo, quería aclarar algunas cosas antes de culminar. Muchas personas han probado incursionar en las Criptomonedas, algunos con éxito otros con resultados moderados, pero todos con resultados en fin, lo importante es que tengas en mente que el mercado de las Criptomonedas es un mercado muy manipulado, es por esto que te recomiendo que siempre prestes atención a los indicadores que puedas ver en TradingView, ve las señales que te envía, continua aprendiendo sobre el trading, si es que te interesa puedes dedicarte a ellos, pero si no puedes dedicarte a hacer HODL (el significado de esto dentro de las Criptomonedas está relacionado con comprar monedas cuando hay una baja importante (por ejemplo si Bitcoin está a $58000 y baja a $36500 ahí es donde compras y vas comprando a medida que baja, nunca cuando sube, a esto se le conoce como Dollar Cost Averaging es una estrategia muy usada en el ambiente del trading) y mantener esas criptomonedas por años hasta que estas dupliquen, tripliquen o cuadrupliquen su valor, no es algo poco común en el ambiente, como bien lo han hecho aquellos *early adopters* que compraron Bitcoin cuando valía $0,006 centavos de dólar, hicieron HODL por 14 años y cuando Bitcoin alcanzó su máximo histórico de $20,000 dólares en 2017 y $60,000 en 2021, vendieron todo y se hicieron millonarios. Pero como siempre, escoge el método que más te guste y síguelo bajo tu propio riesgo.

Por ultimo me gustaría saber tus comentarios para seguir nutriendo este libro y poder ayudar a muchas mas personas, para ellos nos ayudarías dejando una review de este libro, con el objetivo de continuar brindando grandes libros a ustedes, mis lectores, a los cuales aprecio mucho.

Sin más, me despido
Sebastian Andres

¿QUIERES SEGUIR PROFUNDIZANDO EN TU CONOCIMIENTO?

Si este libro te resulto muy útil, déjame contarte que este libro forma parte de la colección *"Criptomonedas en Español"* en donde queremos trasmitirte toda la educación e información actual en base a las criptomonedas mas cotizadas y conocidas (los libros se irán actualizando cada año a medida de los avances).

- Volumen 1: Bitcoin en Español
- Volumen 2: Ethereum en Español
- Volumen 3: Dogecoin en Español
- Volumen 4: Cardano ADA en Español

www.ingramcontent.com/pod-product-compliance
Lightning Source LLC
Chambersburg PA
CBHW030521210326
41597CB00013B/989